爱惟尔养老丛书

美国十大养护社区开发模式与实例

郭奇超　宋剑勇　著

中国社会出版社
国家一级出版社·全国百佳图书出版单位

图书在版编目（CIP）数据

美国十大养护社区开发模式与实例／郭奇超，宋剑勇著．
—北京：中国社会出版社，2019．4
（爱惟尔养老丛书）
ISBN 978－7－5087－6159－6

Ⅰ．①美…　Ⅱ．①郭…　②宋…　Ⅲ．①养老—社区服务—研究—美国　Ⅳ．①D669．6

中国版本图书馆 CIP 数据核字（2019）第 070246 号

丛 书 名：爱惟尔养老丛书
书　　名：美国十大养护社区开发模式与实例
著　　者：郭奇超　宋剑勇

出 版 人：浦善新
终 审 人：尤永弘
责任编辑：秦　健

出版发行：中国社会出版社　**邮政编码：**100032
通联方式：北京市西城区二龙路甲 33 号
电　　话：编辑室：（010）58124864
邮购部：（010）58124845
销售部：（010）58124848
传　真：（010）58124856
网　　址：www.shcbs.com.cn
shcbs.mca.gov.cn
经　　销：各地新华书店

中国社会出版社天猫旗舰店

印刷装订：河北鸿祥信彩印刷有限公司
开　　本：170mm×240mm　1/16
印　　张：11
字　　数：140 千字
版　　次：2019 年 6 月第 1 版
印　　次：2019 年 6 月第 1 次印刷
定　　价：108.00 元

中国社会出版社微信公众号

目录

序

爱老、孝老、敬老是中华民族的优良传统。关爱老年人，就是关爱我们自己。从天真烂漫的少年，热情洋溢的青年，成熟持重的中年走到夕阳垂暮的老年，是人生的必经过程。一生沧桑岁月，一路风雨兼程，每个人都希望用安逸舒适的晚年来慰藉疲累的身心。随着我国进入老龄化增速的时代，如何科学养老、智慧养老、经济养老、幸福养老，是党和政府、相关机构、志愿从事养老产业的企业以及全国2.4亿老年人共同面对的问题。近年来，随着我国政策红利的不断释放，养老产业蓬勃发展，巨大的市场潜力吸引了众多有志之士投身于养老事业的投资建设中。但应该清醒地认识到，目前我国养老产业有效供给依然不足，养老项目模式单一，在科学养老、智慧养老方面缺乏经验，企业盈利空间有限。在这种情况下，借鉴发达国家养老产业发展的成熟经验和做法，以他山之石助我攻玉，显得尤为重要。《美国十大养护社区开发模式与实例》一书的推出恰恰契合了这个重要时机。本书以美国养老产业开发运营的成功案例为基础，将美国养老产业发展的经验做法一一剖析，对我国养老产业同行开阔视野，启发思路，推进产业加快发展具有十分重要的意义。

拜读本书时我有幸与本书的两位作者进行了交流，两位作者均兼得中美文化、教育、社会的洗礼和熏陶，又都具备在中美养老产业从业的经历，这使得他们能够从独特的视角对我国养老产业的发展进行观察和思考。在本书的创作中，两位作者历时三年深入中美养老项目一线，遵循发现问题、分析问题、解决问题的逻辑思路，对养老社区运营者、从业者以及养老社区的客户——老人，都进行了面对面的深入访谈，掌握了关于社区运营的大量一手资料和数据，提出的路径选择和策略措施契合我国实际，具有很强的针对性，这是本书带给读者的突出价值之一。在本书中，不仅能看到“绿屋式”“立体式”“混合式”等鲜活新颖的开发理念和模式，也能看到“辅助生活”“专业照护”“临终关怀”等养老照护各个细节的详细阐述，高度提炼了美国养老产业的精华，具有很强的可操作性，这是本书的突出价值之二。另外使我印象深刻的，是书中处处倡导的人文精神。养老社区的空间设施固然重要，但真正能体现幸福养老精髓的，是照护理念中体现的价值观念和人文关怀，尊重、平等、关爱、多选择等这些最基本的人文精神，贯穿于养老项目企业文化的始终。我认为，这些精神更应该是我国养老项目经营者、从业者所秉持的，用来推动我国养老产业基业长青、福泽千秋的动力源泉。

希望本书能助推我国养老事业加快发展、高质量发展，以满足人民群众日益增长的健康养老的美好向往和现实需求！

原山东大学副校长、山东省人才发展研究中心
主任，山东大学教授、博士生导师

张体勤

2019年5月1日

前言

众所周知，中国社会正在迅速进入“未备先老”“未富先老”阶段。2017年末，我国60周岁以上老年人达2.41亿，占总人口的17.3%，其中65周岁以上老年人1.58亿，占总人口的11.4%。而同期，全国养老机构只有2.8万多家，医养结合机构5814家，仅能提供床位约821.38万张，远远不能满足养老需要，养老形势极为严峻。

我国的现代养老产业才刚刚起步，处于摸索试验阶段。而国际先进成熟的养老产业体系历经近百年的发展已日渐成熟，在服务理念、标准、商业模式、支付体系等方面都有值得我们学习和借鉴之处。他山之石，可以攻玉。实行科学的拿来主义，学习借鉴国际先进经验，结合我们的国情和文化习俗，推广中国特色的养老服务，可以帮助我们少走弯路，节省成本和时间，实现弯道超车。但目前中国还没有一本系统介绍国际养老开发运营管理的书籍，为填补这一空白，我们访谈了近百位养老社区投资及一线运营管理者，实地考察调研了美国众多的养护机构和社区，从中挑选出10个具有代表意义的养护机构和社区，精心编著了这本《美国十大养护社区开发模式与实例》，供读者学习。

本书第一章介绍“PACE”模式的居家养老，第二章介绍“多代融合”家庭公寓，第三章介绍提供“管家式”服务别墅养老，第四章介绍“混合式”郊区养老，第五章介绍“都市型”养老综合体，第六章介绍“家园式”临终关怀，第七章介绍“街区式”记忆照护，第八章介绍“绿屋式”专业照护，第九章介绍为贫穷老人提供的“经济适用”养老公寓，第十章介绍“自治共住”

养老小镇。最后，本书介绍美国养老地产最常见的投资方式——REITs房地产信托投资基金的运作模式。

通过阅读本书，学习现代养老服务理念和模式，借鉴参考国际先进经验，结合我国国情，全面提升我国养老服务产业水准，为建设健康中国的伟大事业添砖加瓦。

由于水平及各方面条件限制，本书难免存在诸多不足之处，希望读者批评谅解。

本书在写作过程中得到了刘明明、张彬彬、史蕾、刘岩萍、牛婷婷、金大为、张立杰、靳云坤、杨帆、李林、杨洋的大力支持和悉心指导。在此，我们向他们一并表示由衷的谢意；感谢那些热爱养老事业的专家和领导，同时也感谢所有关心和支持我们的人。

第一章

“PACE”模式居家养老

——布兰德曼（Brandman ）中心

一、项目概况

布兰德曼中心位于加州洛杉矶地区，是著名百年历史医疗服务机构——洛杉矶犹太人之家在养老方面的旗舰之作（图 1.1）。中心创新性地应用了最近在美国深受推崇的佩斯（PACE）养老理念（Program of All-Inclusive Care for the Elderly），为居家养老的老人提供“一站式”、全包括的辅助服务，改善老人居家养老的质量。

图 1.1

布兰德曼中心为居家养老的老人提供”一站式”服务

据权威统计机构资料，美国 90% 以上的老人都希望能够居家养老，布兰德曼中心正是针对这一需求，提出一整套的辅助居家养老解决方案，达到一举三得的效果：①居家养老老人融入一个完整照护体系中，不再是缺乏关注的边缘群体；②老人身心状况得到大幅改善、预防，政府从而节省大量医疗支出费用（节省 40%—50%）；③类似布兰德曼中心的机构在城市不同区域布局，有效带动社会就业问题。

二、照护模式

布兰德曼中心以创造性地优化老人健康、提升养老服务质量为目标，服务的老人主要以低收入、有联邦或州政府医疗保险为主的老人（Medicare or MediCal），年龄在55岁以上，这些老人需要经过加州政府医疗服务部门的评估，条件达到可进入养老机构养老但是选择独立居家养老的方式，这样加州政府把通过医疗保险支付的这些老人养老的费用，支付给布兰德曼中心，由中心为每位老人提供一揽子、全覆盖的养老服务。换言之，就是中心承包了每位选择居家养老的老人各项养老需求，提供医疗、心理、康复、理疗、社交、营养膳食等各方面的全套解决方案（图1.2）。

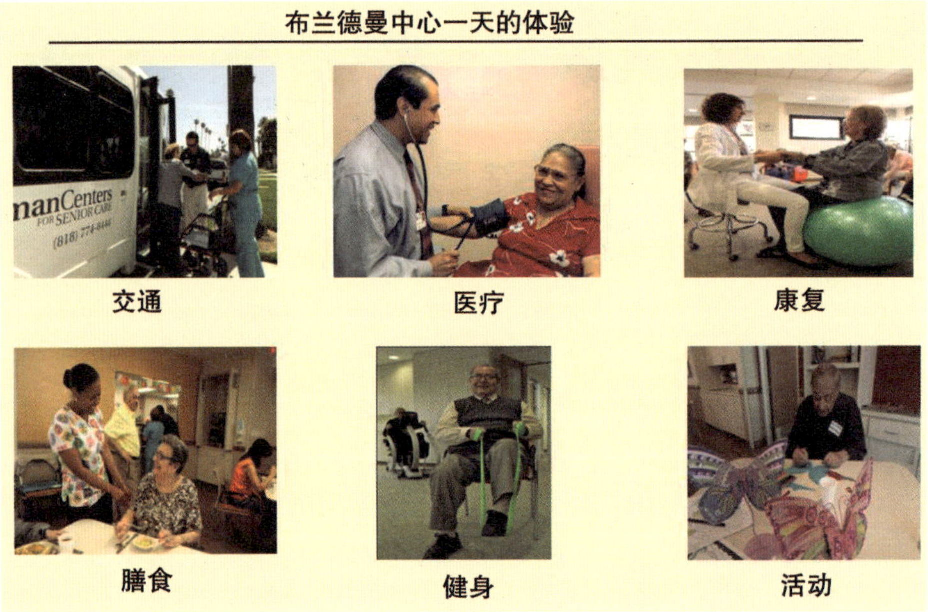

图 1.2

中心为老人提供的各项服务

布兰德曼中心与当地政府协商好，服务于固定划分区域内的老人（每一个 PACE 中心都服务划分好的区域），全年每周开放 5 天，从早上 8 点到晚上 5 点，为所服务的老人提供车辆接送服务。中心兼顾了医疗服务、日间照料、社区活动中心的功能，老人通常都是早上来到中心，参加经专业团队制订的全天活动计划（图 1.3），在中心享用早餐和午餐（图 1.4），下午由中心用特殊无障碍设计的车辆（图 1.5）送回家里。

中心本身能够提供基本医疗、视力、牙科、听力、足科、护士照护、理疗、语言能力康复、药房以及娱乐康复等多项功能，同时也为老人提供上门居家照护、居家医疗、个人护理、车辆接送服务等，对老人其他方面的需求如住院、急诊等，中心为老人积极联系、提供安排。在照护老人的同时，中心非常重视预防的作用，为老人提供经常性的体检，通过制订合理的运动饮食计划，预防老人出现高危险性、高费用的医疗状况。

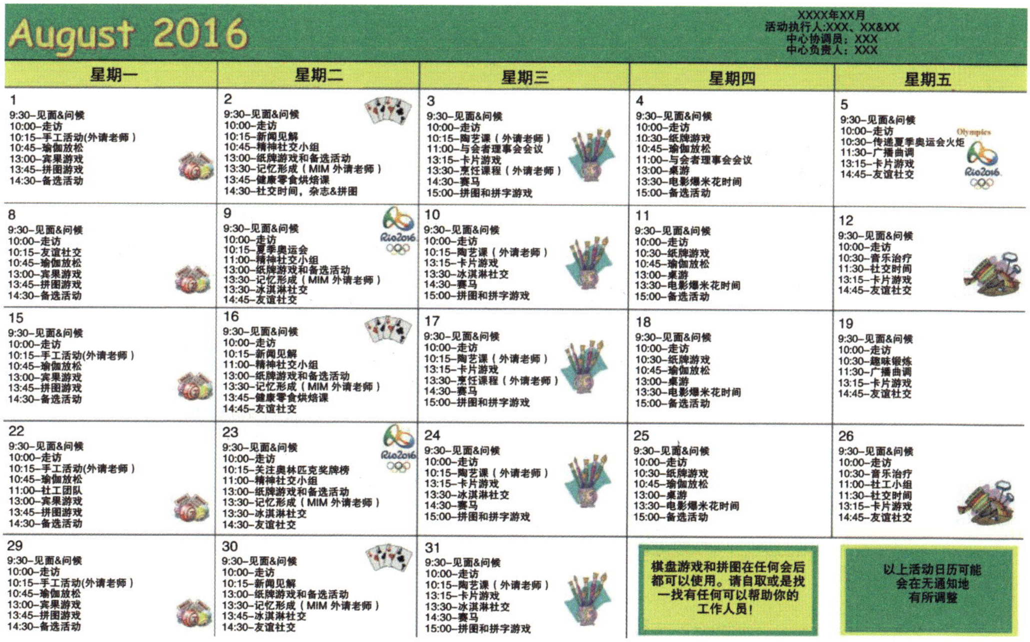

August 2016

XXXX年XX月
活动执行人:XXX、XX&XX
中心协调员：XXX
中心负责人：XXX

星期一	星期二	星期三	星期四	星期五
1 9:30–见面&问候 10:00–走访 10:15–手工活动(外请老师) 10:45–瑜伽放松 13:00–宾果游戏 13:45–拼图游戏 14:30–备选活动	2 9:30–见面&问候 10:00–走访 10:15–新闻见解 10:45–精神社交小组 13:00–纸牌游戏和备选活动 13:30–记忆形成（MIM 外请老师） 13:45–健康零食烘焙课 14:30–社交时间，杂志&拼图	3 9:30–见面&问候 10:00–走访 10:15–陶艺课（外请老师） 11:00–与会者理事会会议 13:15–卡片游戏 13:30–烹饪课程（外请老师） 14:30–赛马 15:00–拼图和拼字游戏	4 9:30–见面&问候 10:00–走访 10:30–纸牌游戏 10:45–瑜伽放松 11:00–与会者理事会会议 13:00–桌游 13:30–电影爆米花时间 15:00–备选活动	5 9:30–见面&问候 10:00–走访 10:30–传递夏季奥运会火炬 11:30–广播曲调 13:15–卡片游戏 14:45–友谊社交
8 9:30–见面&问候 10:00–走访 10:15–友谊社交 10:45–瑜伽放松 13:00–宾果游戏 13:45–拼图游戏 14:30–备选活动	9 9:30–见面&问候 10:00–走访 10:15–夏季奥运会 11:00–精神社交小组 13:00–纸牌游戏和备选活动 13:30–记忆形成（MIM 外请老师） 13:30–冰淇淋社交 14:45–友谊社交	10 9:30–见面&问候 10:00–走访 10:15–陶艺课（外请老师） 13:15–卡片游戏 13:30–冰淇淋社交 14:30–赛马 15:00–拼图和拼字游戏	11 9:30–见面&问候 10:00–走访 10:30–纸牌游戏 10:45–瑜伽放松 13:00–桌游 13:30–电影爆米花时间 15:00–备选活动	12 9:30–见面&问候 10:00–走访 10:30–音乐治疗 11:30–社交时间 13:15–卡片游戏 14:45–友谊社交
15 9:30–见面&问候 10:00–走访 10:15–手工活动(外请老师) 10:45–瑜伽放松 13:00–宾果游戏 13:45–拼图游戏 14:30–备选活动	16 9:30–见面&问候 10:00–走访 10:15–新闻见解 11:00–精神社交小组 13:00–纸牌游戏和备选活动 13:30–记忆形成（MIM 外请老师） 13:45–健康零食烘焙课 14:45–友谊社交	17 9:30–见面&问候 10:00–走访 10:15–陶艺课（外请老师） 13:15–卡片游戏 13:30–烹饪课程（外请老师） 14:30–赛马 15:00–拼图和拼字游戏	18 9:30–见面&问候 10:00–走访 10:30–纸牌游戏 10:45–瑜伽放松 13:00–桌游 13:30–电影爆米花时间 15:00–备选活动	19 9:30–见面&问候 10:00–走访 10:30–趣味锻炼 11:30–广播曲调 13:15–卡片游戏 14:45–友谊社交
22 9:30–见面&问候 10:00–走访 10:15–手工活动(外请老师) 10:45–瑜伽放松 11:00–社工团队 13:00–宾果游戏 13:45–拼图游戏 14:30–备选活动	23 9:30–见面&问候 10:00–走访 10:15–关注奥林匹克奖牌榜 11:00–精神社交小组 13:00–纸牌游戏和备选活动 13:30–记忆形成（MIM 外请老师） 13:30–冰淇淋社交 14:30–友谊社交	24 9:30–见面&问候 10:00–走访 10:15–陶艺课（外请老师） 13:15–卡片游戏 13:30–冰淇淋社交 14:30–赛马 15:00–拼图和拼字游戏	25 9:30–见面&问候 10:00–走访 10:30–纸牌游戏 10:45–瑜伽放松 13:00–桌游 13:30–电影爆米花时间 15:00–备选活动	26 9:30–见面&问候 10:00–走访 10:30–音乐治疗 11:00–社工小组 11:30–社交时间 13:15–卡片游戏 14:45–友谊社交
29 9:30–见面&问候 10:00–走访 10:15–手工活动(外请老师) 10:45–瑜伽放松 13:00–宾果游戏 13:45–拼图游戏 14:30–备选活动	30 9:30–见面&问候 10:00–走访 10:15–新闻见解 13:00–纸牌游戏和备选活动 13:30–记忆形成（MIM 外请老师） 13:45–冰淇淋社交 14:30–友谊社交	31 9:30–见面&问候 10:00–走访 10:15–陶艺课（外请老师） 13:15–卡片游戏 13:30–冰淇淋社交 14:30–赛马 15:00–拼图和拼字游戏	棋盘游戏和拼图在任何会后都可以使用。请自取或是找一找有任何可以帮助你的工作人员！	以上活动日历可能会在无通知地有所调整

图 1.3

中心 2016 年 8 月每天的活动计划，丰富多彩

布兰德曼老年护理中心菜谱 第三周菜单					
	星期一 2016.08.15	星期二 2016.08.16	星期三 2016.08.17	星期四 2016.08.18	星期五 2016.08.19
早餐	果汁任选 燕麦粥或干谷物 炒鸡蛋 黄油/果酱吐司 牛奶 新鲜烘焙麦芬 咖啡/茶	果汁任选 燕麦粥或干谷物 炒鸡蛋 黄油/果酱吐司 牛奶 奶油芝士百吉饼 咖啡/茶	果汁任选 燕麦粥或干谷物 煮鸡蛋 黄油/果酱吐司 牛奶 干酪/糖浆无酵饼 香蕉 咖啡/茶	果汁任选 燕麦粥或干谷物 炒鸡蛋 黄油/果酱吐司 奶油芝士百吉饼 牛奶 咖啡/茶	果汁任选 燕麦粥或干谷物 煮鸡蛋 黄油/果酱吐司 牛奶 法式吐司/糖浆 香蕉 咖啡/茶
午餐	藜麦沙拉或蔬菜沙拉 汉堡包及生菜、西红柿、红洋葱、法式薯条或鸡肉沙拉及洋葱、生菜叶、西红柿、餐包新鲜水果	蜜桃沙拉或蔬菜沙拉 帕尔马茄子及意大利细面、弯颈南瓜、蒜香面包或烤三文鱼及米饭、蔬菜提拉米苏蛋糕或新鲜水果	土豆汤或蔬菜沙拉 厨师特制沙拉及熟肉、煮鸡蛋、鹰嘴豆、橄榄、西红柿及餐包或迷迭香鸡及米饭、蔬菜布朗尼或新鲜水果	豌豆汤或蔬菜沙拉 土豆饼及酸奶油、苹果酱、农家干酪或填馅辣椒及米饭和豆类芝士蛋糕或新鲜水果	希腊沙拉或蔬菜沙拉 薄饼卷及酸奶油、水果酱或海鲜沙拉及生菜、西红柿、红洋葱、皮塔饼酸奶冻糕或新鲜水果
点心	1/2份金枪鱼沙拉 三明治新鲜水果杯	1/2份鸡蛋三明治 新鲜水果杯	1/2份火鸡三明治 新鲜水果杯	1/2份金枪鱼三明治 新鲜水果杯	1/2份花生酱果酱 三明治新鲜水果杯

图 1.4

中心的餐饮食谱，每天都有变化，合理搭配

图 1.5

中心专门接送老人的无障碍车辆

布兰德曼中心的10个服务目标如下：

- 鼓励老人能够尽量时间长地居家养老
- 帮助老人保持健康
- 帮助老人保持独立性及生活质量
- 帮助老人根据自己的需要制订健康照护计划
- 让老人时刻都有友好、专业的健康照护人员的支持
- 在一个地点协调不同的健康需求
- 保证老人能够全天24小时、每周7天都能够得到急诊治疗
- 保证舒适、安全地接送老人来中心
- 保证老人能够收到处方药
- 使老人的家人放心，老人随时都有人照护

三、核心理念

（一）营造归属感和安全感

中心的运营理念区别于传统冷冰冰、被动式的医疗服务机构，更像是一个暖意融融的大家庭，每位加入的老人都是家庭的成员之一，受到大家庭的主动呵护和惦记。为了增加家庭感，减少机构感，中心对每位老人称呼为“参与者”（Participant），照护人员不叫护士，而是叫“个人照护专员”（Personal Care Attendant），中心鼓励每个运营人员对待老人就像对待自己家里的老人一样（图1.6）。

（二）全方位量身呵护

不分收入、种族、宗教、性取向，每位加入中心服务计划的老人都会接受无微不至的照护和主动关心，中心为每位老人配备多种专业的照护团队，结合每位老人的不同情况，为老人量身定制全方位照护计划，并且每天都会有专业团队与老人沟通联系，嘘寒问暖，及时发现和预防老人潜在

图 1.6

中心的个人照护专员，对待老人如同自己的亲人一样

的健康、用药、抑郁、孤独、就医、交通等问题，改变传统居家老人少人关注的现状，使老人能够放心地在家安享晚年。

四、人员架构

中心雇用全职的专业团队，包括医疗团队（医生、护士、牙医、眼医、娱乐康复师、理疗师、语言康复师）、行政管理、市场、饮食治疗师、个人照护专员、车辆协调员、活动组织专员；对于医疗专科、手术、专项检查等需求，中心采取与专项医院合作的模式，节省自己组建团队及设备的开支。餐饮方面，因中心只提供早餐和午餐，所以只设简易、可加热的厨房，将备餐外包给专业供餐公司，节省这方面的投入。总之，中心掌控全方位照护核心团队，其余部分充分利用社会及医疗资源，采取外包合作的形式。

五、运营状况及费用模式

目前中心服务 200 多位区域内老人，服务质量及运营理念得到老人的认可，加入的老人越来越多，运营情况比较健康，布兰德曼中心于 2013 年 2 月开始营业，从 4 位参与老人开始，到 2016 年已经有 195 位老人参与，增长惊人，深受所在社区及参与老人的认可。

虽然属于非营利机构，但是中心实际运营盈利可观，因为一揽子解决并改善了居家养老的状况，为政府节省较多开支，所以中心会从政府收取较高的每位老人固定照护费用，以支付各项运营开支并获取盈利。

六、空间亮点

中心主要功能空间借用原有办公楼的一层进行改造，空间有限，但是利用效率非常高，各项功能空间得到有效组织和分工，主要空间包括接待厅、多功能厅、餐饮、理疗康复、娱乐、小型医疗门诊、处方药房、安静室、洗衣、室外花园等（图 1.7）。

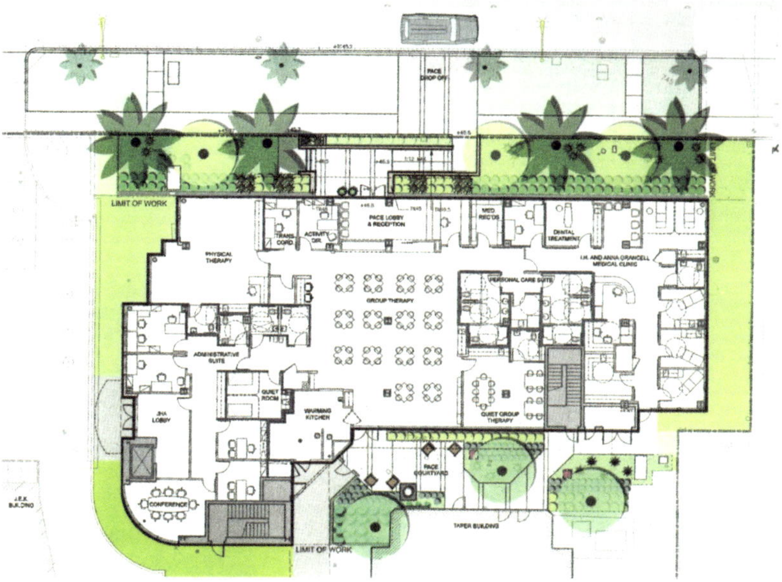

图 1.7

中心平面图

中心的外立面经过改造，充分体现了中心欢迎老人、融入所属社区的核心理念，改建的落地玻璃窗、新加的简洁雨罩以及残疾人坡道，都从外观体现了中心的特点和功能（图 1.8）。

图 1.8

中心外立面经过精心改造

接待厅是到达中心的第一印象，接待厅的设计简洁清新，线条明朗，采用现在构成派风格设计，采用深、浅、木色的搭配，显得空间明亮，宽敞、温馨（图 1.9）。

图 1.9

接待厅内景

多功能厅是中心的核心公共空间，在这里老人聚集、社交、用餐、做活动，所以整体空间简洁耐用，空间以浅色素雅为主，局部引入木色墙面和地板，增加温暖感觉，天花板的灯光采用柔和的非直射光源，避免老人眩光，家具选型、颜色与室内风格协调，选用轻便、简洁的类型，使实际并不大的室内空间显得通透宽敞。在墙面上设置了多处储藏隔断，方便摆放各种活动用品、书籍（图 1.10）。在通向接待厅的墙面上采用深色系，便于老人识别出口的方向（图 1.11）。

理疗康复区位于中心的西北角，相对私密。理疗区通过大玻璃窗引入充足的自然光线，形成一个积极、进步、健康的氛围，与功能相适合。理疗区墙面也布置了储藏柜空间，方便功能使用（图 1.12）。

图 1.10

多功能厅明亮自然

图 1.11

多功能厅简洁现代

图 1.12

理疗康复区明亮、积极

医疗服务区的设计清新而亲切，整体风格非常简洁、现代，以浅灰色为主，同时引入木地板、木色门、木扶手等温暖颜色材质软化氛围，虽然空间不大，但通过玻璃砖、玻璃门等设计元素，使整体光线充足，创造积极、轻松的氛围（图 1.13、图 1.14）。

在中心的南侧，有一个室外花园，方便老人进行各项室外活动。花园空间不大，但采用曲线设计的道路，步移景异，同时引入植物、水声、雕塑，给老人及工作人员安静、亲切的交流空间。为了老人的安全，室外花园还设有围栏和出入口（图 1.15）。

图 1.13

医疗服务区温馨柔和

图 1.14

医疗服务区整洁干净

图 1.15

室外花园景色宜人

七、社区结合

中心鼓励帮助老人居家养老，中心照护的老人96%都在原住社区养老，得以保持与原有社区的紧密联系。

八、思考借鉴

布兰德曼中心的模式与中国的社区综合服务中心模式非常相似，都是为社区老人提供多种养老服务。中心把各种资源整合到一起的模式非常具有借鉴意义，在中心内部的各个功能不是割裂存在的，而是有机地整合在一起。每位老人入住后，都有一个专配的个人照护专员，这名专员集中居家养老、医疗、医院、养老机构、老人日照、营养膳食、健康理疗等各个方面的专家，为老人量身定制照护计划，并作为负责老人福祉的专员，全程跟踪、照护老人，如每天打电话了解老人各项情况及需求，并及时作出贴心安排。中国的综合服务中心或许也可以借鉴这种模式（图1.16）。

中心的收费模式也值得借鉴。中心的收费模式实际上是政府购买社会

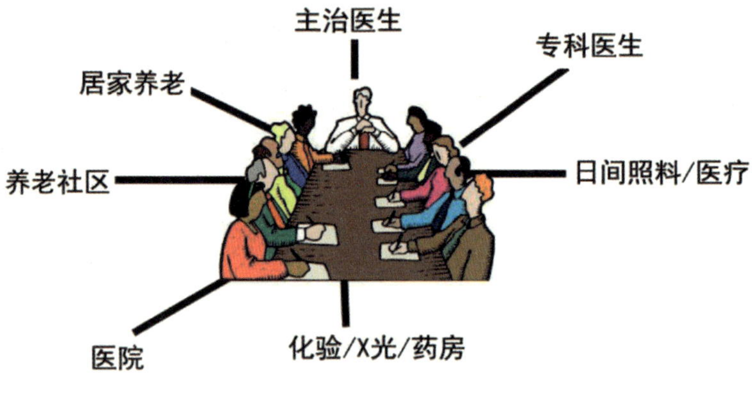

图1.16

中心全专业团队，为每位老人量身定制照护计划

服务的模式，由州政府按照参与老人数量支付给中心费用（从医疗保险中支付，因为这些老人都应达到入住养老机构的条件），老人并不直接支付，这样的方式三方都获益匪浅：①中心有固定的收入，可以全力投入提高服务质量，同时参与老人越多，评价越高，中心收益也越高；②州政府通过购买中心服务，老人在得到更好照护的前提下，健康情况得到明显改善，政府需要担负的医疗费用大幅降低；③老人在没有多付钱的情况下，能够得到更好的“一站式”贴身照护，又可以居家养老，生活质量明显提高。

第二章

“多代融合”养老

——默多（Moldaw）家庭公寓

一、项目概况

默多家庭公寓位于美国加州富裕的帕洛阿尔托，是一个多代融合的养老社区。社区位于城市中心，周围的交通非常方便、配套设施齐备。社区于 2009 年开始运营，建筑面积约 43000 平方米，由 12 栋单体建筑组成，其中 8 栋是养老公寓，另外 4 栋是配套公共功能空间。养老社区共 176 套公寓，除 11 套记忆照护公寓和少量协护、专护公寓外，以独立生活为主（图 2.1）。

社区风格现代简洁，8 栋养老公寓围合式布局，营造安静、温馨的内庭院，4 栋公共设施建筑位于社区外侧，与主街面相连，包含儿童教育中心、艺术演出厅、健身中心和游泳馆等，在服务社区内养老公寓居民的同时，也欢迎社区外的客群使用（图 2.2）。

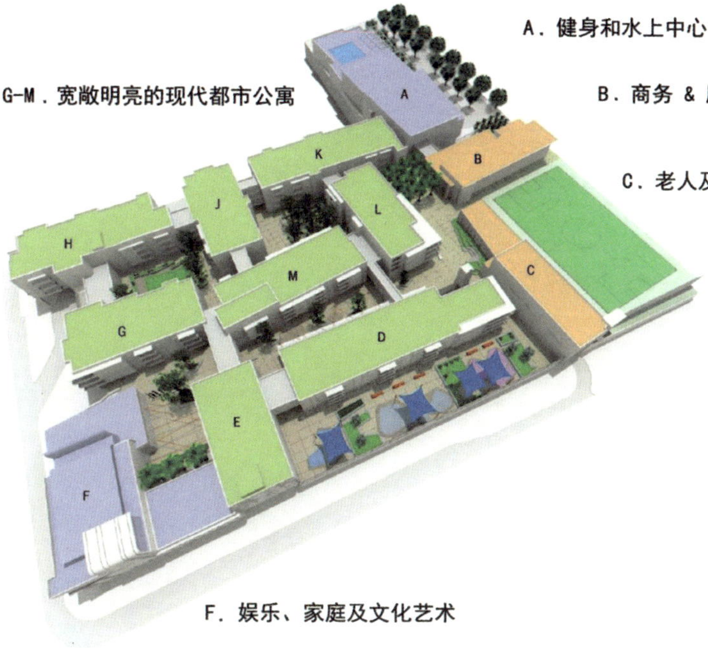

图 2.1
默多家庭公寓，由 12 栋建筑组合成多庭院社区

图 2.2

默多社区为老人提供“多代融合”养老模式

二、照护模式

默多家庭公寓的居民以独立生活方式为主，同时根据个人需求，提供少量协护、专护、记忆照护服务。居民在入住养老公寓后，平时操心费力的各项生活琐事、杂费都由社区统一承担，这样可以帮助居民解脱出来，把精力集中在自己喜欢的事情上（图 2.3）。居民可享受以下服务：

- 可使用 3000 平方米的奥士曼家庭犹太社区中心的全套设施（健身、游泳、教育和文化设施）
- 可观赏舒尔茨文化艺术中心的世界级文化艺术演出
- 灵活的用餐计划
- 家政清洁服务
- 地下停车库及代客泊车服务
- 公寓室内外的维修维护
- 水、电、燃气的费用由社区缴纳
- 专人服务，提供交通、车辆安排
- 与大社区内其他年龄层的人员交流互动，多代融合
- 与大社区内儿童中心的孩子联欢、交流

- 全天 24 小时保安
- 美发美甲服务

需要专业照护的居民，还可以享受到以下附加服务：

- 根据个人所需制订的生活照料计划（穿衣、助浴、如厕等）
- 24 小时医疗护士照护
- 药品管理计划
- 每日三次健康膳食
- 每星期的清洁及洗衣服务
- 为老人量身定制的社区娱乐活动
- 24 小时紧急医疗服务

图 2.3

默多社区帮助老人享受生活

三、核心理念

多代融合的养老社区

默多家庭公寓最核心的理念是创造了多代融合的养老生活方式。项目打破了传统养老社区自成一体、隐居世外的格局，而是把 8 栋养老公寓与 4 栋对外运营的公共设施（健身中心、游泳馆、幼儿园、表演中心等）联结成一个大社区，联系紧密，建筑之间用空中连廊连接，成为一个整体。

这样的空间布局使养老公寓居民的日常生活与外界社会、多代人群融为一体：居民可以上午与健身中心的年轻人共同健身，下午与幼儿园的孩子联欢，晚上去表演中心与同龄人享受音乐会。居民感觉不是住在养老社区，而是生活在帕洛阿尔托的都市中心（图 2.4）。更重要的是，通过这样的生活方式，居民与不同年龄层、不同生活阅历、不同背景的人群交流，使老人继续在社会生活中发挥作用，把宝贵经验、知识传递给年轻人，反过来，老人在多代融合的交流中，汲取活力，并不感觉到自己衰老，而是继续保持身心的积极活跃，达到身心的健康和平衡（图 2.5）。

这种多代融合的养老理念使默多家庭公寓获得市场的充分认可：这里的价格要高于其他社区，但很多退休老人正是认可这样的生活方式和理念，特意选择了这里。

图 2.4

在默多社区，老人与年轻人融合、交流

图 2.5

在默多社区，老人与孩子开心互动

四、人员架构

默多社区有以下各运营团队，保障居民各方面生活高品质进行（图 2.6），每个运营团队由总监负责，总经理把控社区的整体方向，负责组织、协调各总监的工作。

以下是各运营团队：

- 餐饮组织团队
- 生活方式团队
- 健康管理团队
- 市场销售团队
- 费用管理团队
- 社区服务团队
- 景观管理团队

图 2.6

默多社区的各运营团队，密切配合，服务居民

五、运营状况及费用模式

默多社区费用模式采用的是入门费 + 月服务费的模式。入门费的范围是在 27 万—110 万美元，月服务费的范围是在 2000—5800 美元（根据户型、服务的不同），对于低收入的老人，社区还提供低于市场价格的费用模式。入门费金额的确定也紧贴市场，很多老人都是把自己的房产卖掉，资金一部分支付入门费，一部分作为储备及支付月服务费。因此社区入住情况与当地房地产市场紧密相关。

默多社区刚开业时，正好赶上美国的金融危机，老人的房子在市场上销售情况不好，因此当时入住率比预期要慢一些，但随着美国经济的持续复苏，目前社区已经基本住满，尤其是内庭院边的公寓更是一房难求。

六、空间亮点

（一）丰富立体的公共空间

默多社区有许多公共空间，有起居室、各式餐厅、艺术馆、教室、会议室、健身中心、游泳池、康复室、图书馆、园艺空间、沙龙、小型电影院、表演艺术中心等。这些设施都对社会开放，欢迎社区外人员参加（图 2.7）。

8 栋养老公寓立体组织功能，地下层是便捷的车库，首层是公共空间，上层是私属养老公寓空间。老人从公寓的大落地窗就可以看见孩子们在花园玩耍。通畅的室内连廊系统形成立体流线，方便居民从公寓层直接到达公共设施。社区空间内部风格现代、简约，材料色彩、质感丰富、雅致，源于自然，让居民在室内也充分体验到与大自然的联系（图 2.8）。

图 2.7

丰富多彩的公共活动空间

图 2.8

居民从公寓内可看到室外庭院的活动

（二）多姿多彩的室外庭院

默多社区通过 12 栋建筑的有机组合，形成了 6 个多姿多彩的内庭院空间，每个庭院根据相邻建筑功能的不同，定位多样，适合居民在室外的各项活动。有的庭院以铺装为主，有座椅、亭子、椰子树，适合交谈、健步（图 2.9）；有的庭院以草地为主，适合孩子在草坪上追逐、玩球（图 2.10）；有的庭院设置了室外小剧场，适合演出、聚会（图 2.11）；有的庭院种植了很多树木，适合园艺、野趣（图 2.12）。各式各样的室外空间，令人印象深刻，方便居民进行各种室外活动。

内庭院的另一个好处体现在商业上，庭院边的公寓总是供不应求，受到居民们的青睐，这也证明了好的设计理念，确实能够创造商业价值。

图 2.9

庭院之一， 适合会客交流

图 2.10

庭院之二， 适合儿童游戏

图 2.11

庭院之三，适合表演聚会

图 2.12

庭院之四，适合野趣园艺

七、社区结合

默多家庭公寓鼓励居民与各年龄层人群之间的交流，社区的公共设施都对外运营，鼓励与大社会的融合。目前每周有 1000 人以上的非社区人士，来社区参加各项文化、艺术、健身、教育等活动（图 2.13）。

图 2.13

社区公共设施对外运营，每周吸引 1000 人以上非社区人士

尤其是与社区内的早期教育中心孩子们的互动，是社区最大亮点之一（图 2.14）。孩子们为老人所带来的欢乐是独一无二的，是其他设施都替代不了的，这对老人的身心健康有极大的促进作用。

图 2.14

老人与孩子的密切互动，是社区最大亮点之一

八、思考借鉴

如何让养老社区完美融入都市生活中，默多家庭公寓作为整体开发项目，做到了极致。多代融合的养老生活方式，成为默多社区的最主要亮点之一，也因此得到很多中高端退休老人的青睐。

中国市场上的养老社区在开发中，可以借鉴默多模式，引入公共设施，对外开放运营，促进老人与多代人群的融合交流，尤其是与幼儿园的紧密结合，而不是画地为牢，把老人社区生硬地从社会中割裂出来。

未来的成功养老社区为老人提供的不仅是物理环境和医疗照护，更是一种积极、活跃的生活方式，相信随着中国养老市场的成熟，将来会有越来越多的老人，享受并得益于默多模式的养老社区（图 2.15）。

图 2.15

默多养老社区的“多代融合”模式

第三章

“管家式”别墅养老

——杜普利别墅（Deupree Cottages）

一、项目概况

杜普利别墅是“管家式”专业照护别墅，位于美国俄亥俄州辛辛那提市风景优美的郊区。社区于2009年6月开始运营，由两个“L”形的别墅组成，每个别墅有12个卧室和公共空间，其中两间是套房，建筑面积约1000平方米（图3.1、图3.2）。

杜普利别墅是艾比斯科布尔退休之家养老机构开发，总投资约500万美元，是整体持续照护退休大社区里面的一部分，大社区还有独立生活、协护、记忆照护等其他养老设施。

图3.1

杜普利“管家式”专业照护别墅

图 3.2
杜普利别墅建筑风格亲切，温馨如家

二、照护模式

“管家式”照护

杜普利别墅为居民提供全年每天 24 小时的长期专业照护（Skilled Nursing）和短期康复治疗（Rehab）。社区是俄亥俄州第一个提供“以居民为中心”（Resident-Centered Care）的照护模式，座右铭是“这里是生活的地方，不是离开的地方”。

社区在美国养老界有很好的声誉，主要原因就是颠覆了传统专护机构“医院化”的冰冷模式，而是根据每位居民的需求和选择，采用“管家式”照护模式（图 3.3）。

“管家式”照护模式服务亮点如下：

- 经过特殊训练的“管家式”照护团队

- 根据居民的生活方式和选择，量身定制的日常活动计划
- 多专业专家组成综合团队，时刻关注居民的照护情况
- 经过认证的康复治疗专家经验丰富
- 所有卧室都是带卫浴的单人间，确保私密性
- 医疗专家定期上门诊断
- 居民对膳食有充分选择
- 为来访的家人提供娱乐设施
- 可使用附近杜普利大社区的健身中心和水疗中心
- 提供丰富多彩的社区活动供居民选择，如电影之夜、音乐会、讲座、论坛、参加体育赛事、景点观光等
- 为居民提供优美的室外花园活动

图 3.3

杜普利别墅为居民提供“管家式”服务

三、核心理念

自由生活，自主选择，自己的家

传统专护社区的理念是让老人住在机构里，采用“以运营为中心”的模式（Operation-Centered），根据运营团队的计划来安排老人的生活，例如餐厅过了用餐时间，就不再提供膳食；或者错过了清洁房间的时间，今天就不能清洁，老人的感觉是随着别人的节奏和决定生活，是住在别人的家里。

在杜普利别墅，这里就是老人自己的家，照护人员围绕着老人的需求、选择、节奏服务。老人可以按照自己的喜好决定每一天如何度过，不受拘束。除非有健康医疗方面的考虑，老人可以在自己选择的时间作息，可以自己动手准备可口美食，招待来访的儿孙，老人也可以随自己的兴趣今天做做园艺，明天下下棋。社区鼓励居民自主安排他们的一天，这里是老人自己的家，老人做决定，照护人员辅助完成。

在社区强大的医疗保障和富有爱心的照护团队辅助下，老人可以自主选择，自由生活，摆脱传统机构被动、消极的状态，老人生活的积极性及满足感都得到提升，健康指数也得到显著的提高，来自其他社区的老人在这里生活后，身心健康都有很明显的改善（图 3.4、图 3.5）。

图 3.4

杜普利别墅居民，主导自己的每一天

图 3.5

杜普利别墅居民，主导自己的每一天

四、人员架构

杜普利别墅为照护团队提供充分的培训，最重要的培训内容是服务理念的转变，社区总经理说：“居民不是生活在我们的设施里，而是我们在他们的家里工作。”也就是说，经过培训，照护团队需要意识到，这里是老人的家，我们在他们家里为他们服务（图 3.6）。

培训内容还包括全面的技能培训，每名照护团队成员可从事多项工作：照护、备餐、清洁、活动组织等，注册医疗护士每周 7 天每天 24 小时全天候服务，康复师和医生外包，定期上门服务。

社区在挑选照护团队人选时，还注重选择富有同情心、责任心、为他人着想等性格特点，让照护团队能够真正与老人建立起情感联系，时刻为老人的福祉着想。

图 3.6

杜普利别墅照护团队，经过全面理念、技能培训

五、运营状况及费用模式

因其创新的运营理念及为老人量身定制的“管家式”服务，杜普利别墅投入运营后，得到市场的高度认可。社区一直保持 100% 的入住率，并且多次获得全美养老社区奖项（图 3.7）。

因提供专业照护（Skilled Nursing），杜普利别墅收费标准较高，每个单独卧室的月费在 7300 美元左右，也接受美国补助型医疗保险。

图 3.7

杜普利别墅运营状况良好，多次获奖

六、空间亮点

（一）动静相宜，功能分区清晰

杜普利别墅分为居住、活动、服务三个部分，在平面布局上分工非常清晰，互不干扰，动静相宜（图 3.8）。

居住部分有 12 个卧室，安静优雅（图 3.9），为打破机构化走廊的感觉，卧室排列上下错动，自然生动，在卧室与活动空间连接处，设置了水疗 SPA 等半公共空间，便于居民和照护团队使用。

公共活动空间阳光明媚，是一个整体开敞的大空间，通透无障碍、一览无余，包括会客、餐饮、娱乐、健身、图书馆、开放式厨房等功能（图 3.10、图 3.11）。

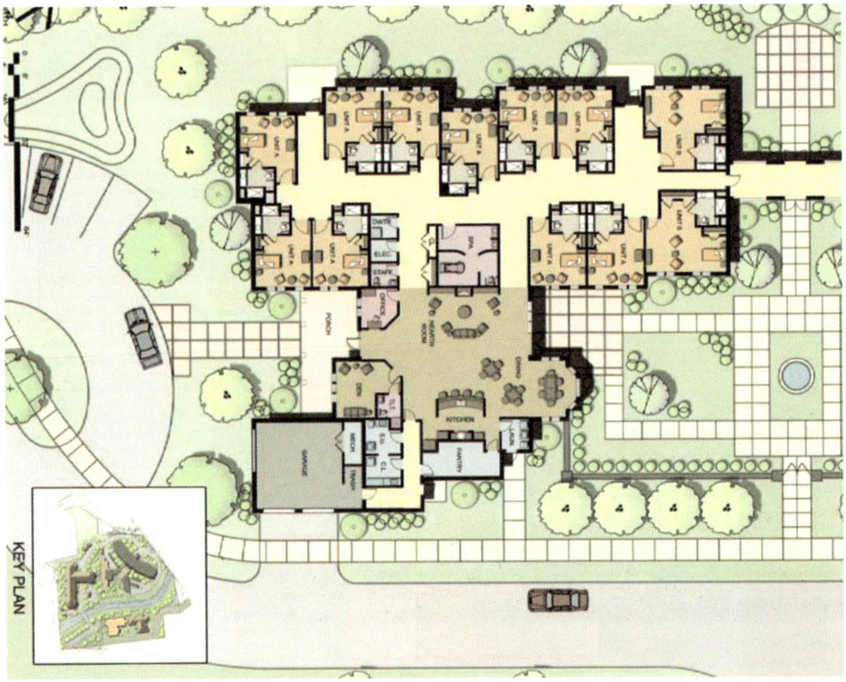

图 3.8

别墅布局分为居住、活动、服务三部分，动静相宜

图 3.9

卧室安静优雅，明亮温馨

服务空间与车库结合起来，洗衣、运货、厨房等后勤功能都组织在这里，不影响居民的起居、生活空间。

图 3.10

公共空间开敞通透，无障碍

图 3.11

公共空间开敞通透，无障碍

（二）双“L”形别墅，围合成室外花园

杜普利别墅的两个部分都是“L”形，围合成一个优美的中央花园（图3.12）。两个别墅通过玻璃连廊连接为一体，连廊中间是一个玻璃亭子，居民可以在这里休闲、观景，不受气候影响。花园十分注重铺装和植被的结合，为老人散步、园艺等活动提供优美、安全的场地；花园还注重提供四季观赏的植物品种，为居民提供全年候的景观（图3.13）。

图3.12

双“L”形别墅形成优美中央花园

图 3.13

两个别墅中间的亭子适合老人观景、休闲

七、社区结合

杜普利别墅鼓励居民与社区外界密切联系，除欢迎居民家人、朋友来社区欢聚外，平时还会请社会各界的人士、幼儿园、学校等来社区互动、交流。社区也会组织观光、观看体育赛事、购物等短途旅行，帮助居民融入城市生活中（图 3.14）。

图 3.14

杜普利别墅鼓励居民与外界联系

八、思考借鉴

通常，专业照护（Skilled Nursing）在养老产业链条中是最接近医院模式的，经常使人感到医院化的冰冷环境和生硬服务，使老人通常望而生畏，谈虎色变。可叹之处在于，在老人最虚弱、最需要家的时候，他们恰恰住进了传统专业照护机构“非家”的环境。

杜普利别墅最可贵之处，就是在专业照护领域引入了“管家式”服务，把自由、选择、尊严又重新恢复到老人的生活中。在这里老人是家的主人，是主角，主导自己的生活；照护团队是配角，助力老人生活。

中国传统的养老社区，很多存在运营人性化不足的问题，有的甚至出现打骂老人，或对老人实施军事化管理的现象，令人瞠目结舌。养老社区照护的理念和文化，是支撑社区运营的最根本要素，杜普利别墅“以居民为中心”的运营理念的成功，对中国市场有非常好的借鉴意义，希望中国老人也在最需要的时候，能够自由、有尊严地生活在自己真正的家（图3.15）。

图 3.15

杜普利别墅“以居民为中心”的理念

第四章

“混合式”郊区养老
——兰蒂斯（Landis）公寓

一、项目概况

兰蒂斯公寓式别墅位于美国宾夕法尼亚州立提兹市郊区，是一个为活跃老人提供的独立生活（Independent Living）养老社区。项目由两个“L”形建筑组成，每个建筑面积约 3600 平方米，由 12 套别墅组成，于 2010 年 10 月开始运营。

社区面向中高端生活水平的退休老人，为他们提供独立式的养老生活体验，社区周边有浪漫的田园风光和自然景色，还为居民提供了各种餐饮、文化、娱乐等服务设施（图 4.1）。

图 4.1

兰蒂斯“混合式”公寓别墅外观

别墅式和公寓式养老在美国都是很常见的养老模式，别墅式的优势是空间开敞、私密性强、停车入户等，但缺点是邻居见面不多，互动、交流机会有限，同时还需要打理庭院、浇花剪草等，很多老人不再愿意在维护上投入金钱和精力；公寓式的优势是交流机会多，公共活动空间一般在建筑内，方便可达，不需要住户维护；缺点是空间不开敞，通常只有一面采光，机构感过强，家庭感和归属感不强。兰蒂斯公寓融合这两种模式的优点，创新性地提出了“混合式”的公寓式别墅，让老人既享有别墅的宽敞、惬意，又享受公寓式的热闹、省心（图 4.2）。

图 4.2

居民同时享受别墅和公寓养老的优点，省心惬意

二、照护模式

入住兰蒂斯“混合式”公寓别墅的老人一般 65—75 岁，他们可以自理生活，基本不需要医疗方面的照护，他们入住的主要原因是为了更好地享受退休生活，从日常琐碎的生活中解脱出来，有更多的精力投入自己认为更重要、更有意义的生活方式。

兰蒂斯公寓式别墅是兰蒂斯大养老社区的一部分，大养老社区提供了丰富多彩的各项设施，供老人使用。设施里面包括继续教育学院（老年大学）、健身中心、木工作坊、餐饮中心、医疗和照护中心、生态公园等，满足老人身心健康各方面的需求。社区提供免费公共班车，帮助居民在社区内畅游。

居民可以选择自己想要的生活方式：可以自己做饭，或选用社区餐厅的用餐计划（图 4.3）；可以按照自己的意愿和爱好，参加社区的兴趣组织、各项活动（图 4.4）；也可以参加志愿者团队，发挥余热、帮助别人。社区强大的全天 24 小时医疗、健康照护体系，为居民随时提供急救、保健、康复等各种医疗服务，让居民无后顾之忧。

除提供居住空间外，社区为居民提供备选的照护服务（可能会另付费）如下：

- 点餐和送餐服务
- 房间清洁和洗衣服务
- 美发服务
- 巴士观光服务
- 帕斯维斯继续教育服务
- 老人日间照料服务
- 居家照护服务
- 专业康复训练
- 全天 24 小时急诊和专业医疗服务
- 临终关怀服务
- 心理咨询服务
- 健身水疗服务

图 4.3

居民可以享受餐厅点餐、送餐服务

图 4.4

居民可以参加社区健身水疗活动

三、核心理念

“混合式”公寓别墅

兰蒂斯公寓共三层，首层是停车和部分公共空间，二层三层各有6套别墅，每层有公共起居空间供居民使用。项目本质上是多个别墅组合起来的公寓，居民住在每一套单元里面，跟平层别墅没有区别，同时能够方便地享受公共空间和设施。

每套别墅的平面与常规别墅非常相近，通透的客厅和餐厅融为一体，卫生间宽敞、无障碍，步入式衣柜、洗衣中心、自助厨房，以及家庭办公室、书房，为独立生活的老人提供足够的空间和自由，同时也留下足够余地，方便以后需要时进行“适老化改造”。同时重要的一点是为了避免常规公寓只有一面墙采光，每套别墅通过精心设计，都至少有两面采光，使居住感觉与别墅更加相似（图4.5）。每套别墅还设有一个私密的阳台，避免视

图4.5

居住空间内部开敞通透，两面采光，与常规别墅相同

线与其他居民互相干扰，使居民有一个安心、放松、享受自然的室外专属空间。

每层6套别墅的入口都集中在一个中央起居室，这个起居室温馨明亮，设有桌椅、沙发等，为居民之间的交流、娱乐提供便利，自然地凝聚成“邻里感”和“家庭感”（图4.6）。同时通过电梯，居民可以到达首层的多功能活动室、邮箱、储藏室等公共空间，非常方便，不受室外气候的影响。

正因为兰蒂斯提供了这样的产品，能够让居民同时获得常规别墅和公寓两种模式的优点，因此得到居民的青睐。

图 4.6

居民在公共起居室交流、聚会

四、人员架构

兰蒂斯公寓式别墅，不单独设置照护团队，居民生活的各方面照护（餐饮、活动、保健、医疗、清洁等）由大兰蒂斯社区各专业团队提供（图 4.7）。

图 4.7

大兰蒂斯社区各专业团队，为居民服务

五、运营状况及费用模式

兰蒂斯社区“混合式”公寓别墅的收费情况如下：

一室一厅：14 万美元入门费，每月 1200—1400 美元。

二室一厅：20 万美元入门费，每月 1650—1860 美元。

二室一厅加书房：25 万美元入门费， 每月 1900 — 2100 美元。

因为创新性地集优点于一身，受到居民的认可，因此“混合式”公寓别墅的收费，要高于常规别墅和公寓，而且入住率很快达到 100%，社区继而开发了二期、三期相似产品。

兰蒂斯社区获得绿色建筑年度大奖（图 4.8），还被美国新闻世界报道评为运营业绩最好的养老社区之一。

图 4.8

兰蒂斯 “混合式”公寓别墅获得绿色建筑年度大奖

六、空间亮点

（一）温馨的公共起居室

兰蒂斯“混合式”公寓别墅最大的亮点就是别墅共享室内公共起居室，这弥补了常规别墅邻里交往空间不足的缺点。经过精心设计，住户从首层停车库乘坐电梯后，到达居住层的公共起居室，经过这里才能到达各别墅入口，这就在流线设计上自然安排了居民互动、寒暄的社交机会（图 4.9）。起居室的中心通过围栏、柱子、壁炉等元素构成了充满爱心的温暖空间，鼓励居民坐下来聊天、下棋、读书， 每一层居民被这个公共起居室凝聚在一起，形成了有亲情联系的街坊邻里（图 4.10）。

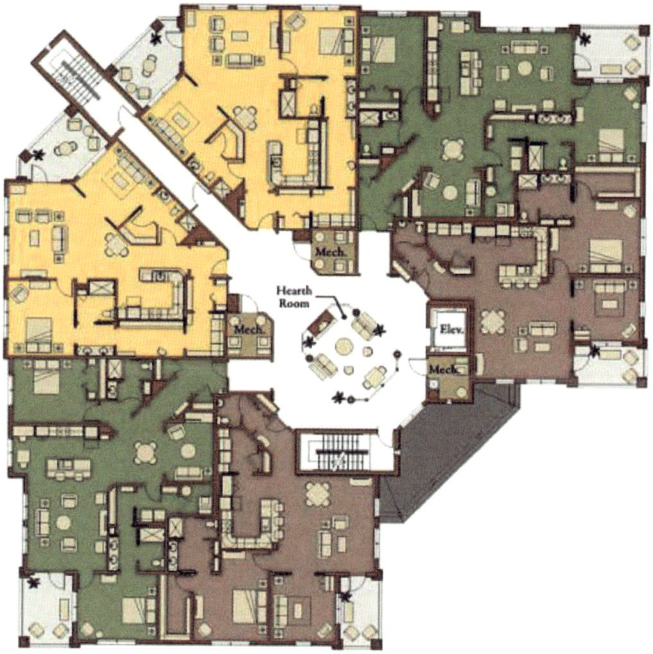

图 4.9

每层各别墅的入口，集中在公共起居室周围

图 4.10

公共起居室，把居民凝聚在一起，形成街坊邻里感

在首层车库也布置了多功能活动室、邮箱和居民储藏室，为整栋建筑的居民提供一个大的交流空间，可以组织聚会，也可以请外面的客人举办会议、演讲等，多功能活动室还设有开放式厨房，方便居民举行节日聚餐（图 4.11、图 4.12）。这些公共空间对居民非常重要，这也是为什么居民原意多付费入住这里的主要原因之一。

（二）与自然完美结合

因位于风景如画的宾州郊区，兰蒂斯公寓的卖点之一就是田园风光、生态自然，吸引附近大城市如纽约、华盛顿、费城的退休人群。因此在开发过程中，如何使项目融合自然是重中之重。

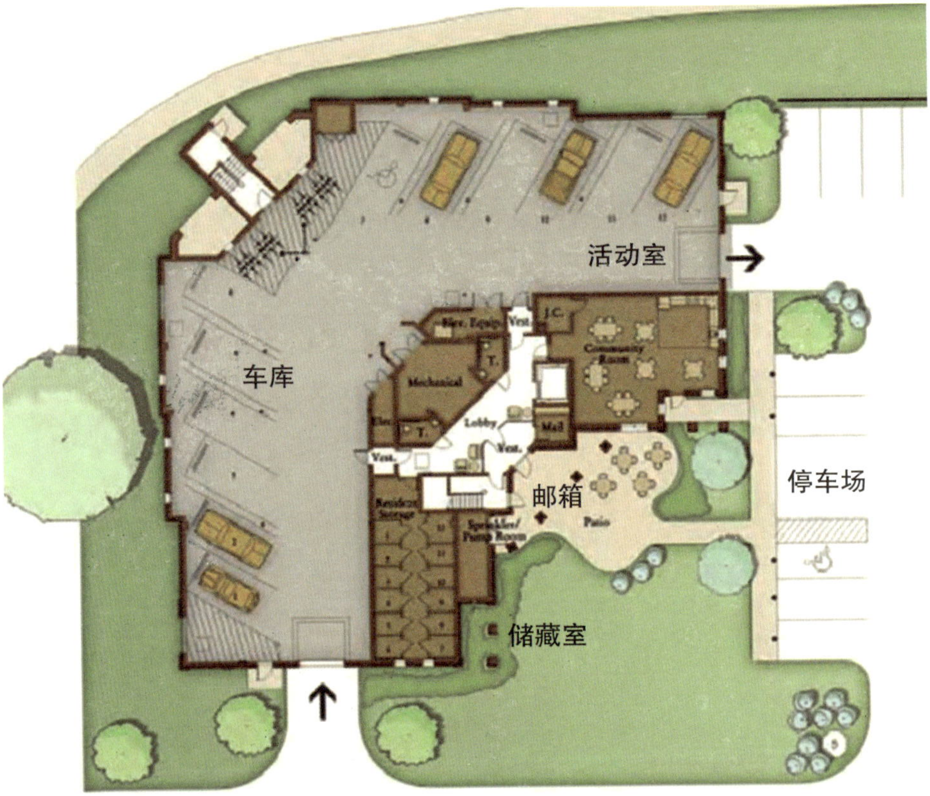

图 4.11

首层设置社区活动空间，方便居民交流、聚会

图 4.12

首层社区活动室带有开放式厨房，方便居民节日聚餐

首先别墅的设计使居民能够最大化地亲近自然。如前文所述，每个别墅都至少有两面墙采光，开放的户型布局和多变的开窗方式，为居民提供灵活的多视角，充分享受室外景观。超大的室外阳台在保证居民隐私的同时，还提供了充足的休闲空间，可满足室外用餐、娱乐或园艺种植。每栋公寓楼还在首层设置了室外庭院，供居民休闲、晒太阳、亲近自然（图 4.13）。

同时在建筑形象上，将当地自然的建筑形式和材料融入进来，使项目真正地融入环境。外立面的石材、砖墙、瓦面、坡屋顶等，反映了宾州当地经典住宅的特色，同时与项目周围的田园风光完美融合（图 4.14）。

图 4.13

阳台空间与自然完美结合，室内外空间融会贯通

图 4.14

建筑尺度、风格、材料，与生态自然相融合

七、社区结合

兰蒂斯“混合式”公寓别墅是大兰蒂斯养老社区的一部分，因此充分利用了大兰蒂斯社区的丰富资源（图 4.15）， 为居民提供完备的设施和丰富多彩的活动。

在这里，居民能够参与以下的社区活动：

- 教堂、崇拜空间
- 社区志愿者活动
- 社区泳池和水疗
- 社区健身中心
- 旅游参观巴士团
- 台球、地滚球娱乐比赛
- 音乐娱乐项目
- 手工艺术品项目
- 木工作坊
- 户外远行活动
- 园艺种植
- 图书馆和电脑室
- 会议中心
- 继续教育学院
- 幼儿园互动
- 各式餐厅及送餐服务

其中幼儿园和继续教育学院是活动中的亮点。大兰蒂斯养老社区设有并不常见的儿童学习中心（Children's Learning Center，图 4.16）和继续教育学院（Pathways Institute for Lifelong Learning，图 4.17）， 既能为外界社区提供相关服务，又能为社区居民提供与孩子开心互动和继续学习的机会，

图 4.15

大兰蒂斯养老社区，各种设施齐全，活动丰富多彩

图 4.16

社区居民与幼儿园孩子亲切交流，笑口常开

图 4.17

社区居民积极参加继续教育学院的讲座

深得居民认可。

八、思考借鉴

中国养老市场上高净值人群正在步入退休年龄，他们接受过良好教育，国际视野开阔，对生活的综合品质要求很高，他们退休后需要的生活方式，正是大兰蒂斯社区所提供的：他们需求的不只是健身和餐饮、清洁方面的帮助，而是更多精神、文化、娱乐、社交、成就感等方面的满足。兰蒂斯社区为来自美国大都市的中高端老人提供的多姿多彩的生活方式，值得中国养老社区研究和学习（图 4.18）。

同时，兰蒂斯“混合式”公寓别墅创新独特，非常适合田园式、郊区式养老，让居民享受到不同居住模式的优势，可私密、可热闹，尺度亲切，清新自然，受到美国老人推崇，该模式也会为中国中高端客群所接受。这

图 4.18

兰蒂斯社区提供的生活方式适合中国中高端养老客群

一点也证明，通过创新的、适合市场需求的设计和开发策略，可以为养老项目增添高附加值，形成开发者和市场的双赢（图 4.19）。

图 4.19

兰蒂斯社区郊区式、田园式养老

第五章

“都市型”养老综合体

——圣约翰 (St. John’s) 湖滨公寓

一、项目概况

圣约翰湖滨公寓位于美国威斯康星州密尔沃基市，地处密歇根湖畔的市中心繁华地段，是“都市型”养老社区的杰出典范。公寓占地近1万平方米，建筑面积为2.9万平方米，共21层有87户公寓，于2011年9月开业，为活力老人提供自理型养老综合体。除了为老人提供宽敞舒适的公寓单元之外，公寓还有艺术中心、健身房、游泳池、教室、户外花园、小餐厅等综合设施。项目位于都市中心，周边有便捷的公共交通，购物、美食、娱乐和医疗设施都在步行距离内（图5.1、图5.2）。

图5.1

圣约翰公寓位于密歇根湖畔

图 5.2

圣约翰湖滨公寓位于都市中心

二、照护模式

圣约翰湖滨公寓由 150 年历史的圣约翰社区（Saint John' s Communities）开发，为老人提供持续照护服务，分为自理型、协护型、专护型各阶段，共约 270 户居住单元，本文重点介绍新建的自理型养老公寓。公寓为具备自理能力的老人提供全方位的养老综合设施，涵盖身体、文化、社会、工作、精神和情感 6 个维度，营造"6 维全健康"的生活环境（图 5.3）。

图 5.3

居民享受"6 维全健康"生活环境

在自理型公寓中，因老人能够基本自理生活的衣、住、行方面，所以社区主要提供餐饮、医疗、娱乐、教育、健康等多方面的服务和保障，在缴纳入门费和月服务费之外，特殊的医疗、餐饮等服务根据居民的实际需求而灵活提供，整体社区更像是带有服务包的常规公寓，不像协护或专护社区那样依赖照护团队。

三、核心理念

（一）“6 维全健康”综合体

圣约翰湖滨公寓认为每位老人的健康是一个整体，而不是分裂的，因此为每位老人定制“全健康”退休生活模式，让老人在身体、文化、社会、工作、精神和情感 6 个维度，都能够得到全面发展。公寓在功能、设计等各方面都紧密围绕这 6 维健康：健身、水疗、餐饮等针对身体健康；与大学合办的教室、论坛针对文化修养；咖啡厅、小餐馆、会客厅针对社会联系；社区的志愿者小组、园艺针对工作满足感；艺术馆针对精神修养；小教堂针对情感寄托与倾诉。所有这些为 6 维健康提供的“综合体”都集中在首层，由一个环形走廊联系起来，最大限度方便居民的使用（图 5.4、图 5.5、图 5.6、图 5.7）。

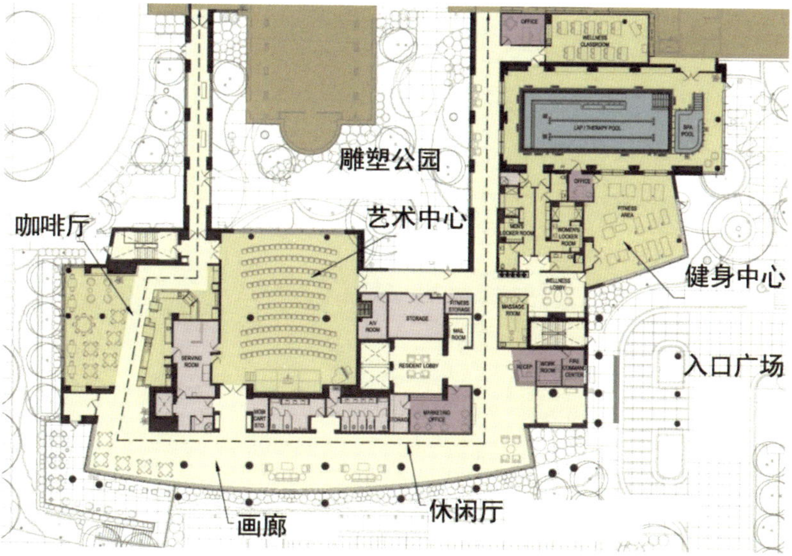

图 5.4

首层平面布局

图 5.5、图 5.6

首层公共空间，为居民提供“全健康”环境

图 5.7

游泳和水疗空间

（二）活力都市养老

美国养老产业近年的趋势之一，是老人（尤其是活力老人）越来越青睐在都市环境养老，既可以继续享受都市丰富、精彩的生活方式（购物、美食、艺术、娱乐等），又可以省去备餐、维护、医疗等方面的后顾之忧。圣约翰湖滨公寓是这方面的典范，因都市用地寸土寸金，所以公寓以塔楼、裙房形式，打造竖向、立体养老综合体，把公共空间布置在裙房部分，与周围都市功能无缝对接，公寓单元在塔楼部分，保持私密感，并享受密歇根湖的美景（图 5.8、图 5.9）。

图 5.8、图 5.9

公寓采用裙房和塔楼形式，形成竖向养老综合体

四、人员架构

圣约翰湖滨公寓整体是一个持续照护社区，在协护和专护社区设有照护团队和医疗团队，在本文重点介绍的自理型公寓，配有餐饮、行政等团队，负责6维健康设施的日常运营，照护及医疗团队根据居民的实际要求，随时提供。

五、运营状况及费用模式

圣约翰湖滨公寓开业后，经营状况非常好，一直有很长的居民等候名单等待入住。因项目取得很大成功，2017年4月，社区计划新建另一栋高层公寓，有20层高、约100套居住单元，提供75套自理型公寓和25套协护公寓。

圣约翰湖滨公寓的收费模式分为三部分：入门费、月服务费以及特殊照护费用。入门费约42万美元（部分可退）；月服务费约3400美元，特殊照护费用根据具体照护内容而定。居民可以选择两种不同的合同方式，一种是长期持续照护合同，包含各个养老阶段的照护内容，费用有折扣，但是合约时间较长；另一种是固定月费合同，其他服务费用在这个基础上添加。

六、空间亮点

（一）空间通透，明朗清新

圣约翰湖滨公寓处于城市中心区滨湖位置，位置极佳，为了融入湖光、游艇、都市景色，公寓在设计上采用了大面积落地窗，使室内空间明朗、通透。公寓单元内平面布置开敞，客厅与开放式厨房融为一体，落地的转角玻璃窗将湖景一览无余，通过大观湖露台形成室外专属休闲空间（图 5.10），这些特点使公寓一房难求，在市场上得到追捧。

首层公共空间也采用连续的落地玻璃窗，室内外空间融为一体，使老人感到明朗轻松、自然清新（图 5.11）。

图 5.10

公寓观湖露台，联系室内外空间

图 5.11

首层公共空间明朗通透

（二）色彩丰富，源于自然

圣约翰湖滨公寓充分运用了色彩美学，并取之于自然，带给居民回归大自然的生活体验。休闲空间借用了湖滨柔和的色彩，包括沙滩的金色、水和天空的淡蓝色，以及来自岩石的浅灰色（图 5.12）；餐馆里的用色充满了生命活力：大胆的土地褐色色调和纹理呼应了快节奏的城市生活；橘色则体现了夕阳的颜色（图 5.13）。艺术中心更多采用中性灰色作为背景，更好地衬托艺术品。

图 5.12

室内颜色、质感丰富，源于自然

图 5.13

室内材料颜色、质感丰富，源于自然

七、社区结合

圣约翰湖滨公寓将养老社区与都市环境紧密联系起来，玻璃的大量运用，与周围街区无遮挡联系；社区中的小酒馆向公众开放，服务全面，提供多样化的菜单，许多游客慕名前来，与朋友聚会、小酌；艺术画廊设于首层，展示雅致的艺术品，吸引居民与游客前来参观（图 5.14）。街边的小酒馆和艺术画廊充当着店面的角色，将外部的人群和能量引入社区，起到了激发社区活力的作用。

图 5.14

社区艺术画廊，欢迎社会人士参与

社区与威斯康星大学、教堂、相邻社区组织和当地企业达成合作关系，社区的美术馆、小酒馆、学术报告、音乐厅、健身设施及上课教程均可对外开放，欢迎社会参与。社区还与附近幼儿园达成协议，欢迎儿童与老人聚会，为老人带来快乐与活力（图 5.15）。

图 5.15

社区欢迎儿童与老人聚会

八、思考借鉴

圣约翰湖滨公寓位于都市中心地段，采用高层养老综合体的开发模式，这种竖向综合养老社区塔楼非常适用于中国很多城市现状，可由现状高层办公楼或住宅楼改建而成，充分利用现有资源，节省占地，使用效率很高。

圣约翰湖滨公寓另一个值得借鉴之处，就是在开发过程前期，开发团队与城市规划部门、承包商、施工队伍、照护团队、潜在居民及其家人朋友、市场分析师、相邻社区、行政管理团队等进行研讨会议、访谈、计算机模拟，做了大量的前期市场调研工作，这使得在前期策划、设计阶段，可以根据市场调研结果，潜在的居民需求，对产品进行针对性设计。项目前期准备工作的成功，保证了项目建成后，获得市场的成功，形成供不应求的局面（图5.16）。

图 5.16

“都市型”养老综合体，非常适用于中国城市

第六章

“家园式”临终关怀

——海文（Haven Custead）中心

一、项目概况

海文照护中心位于佛罗里达州的柑橘公园市，项目占地面积 2.52 万平方米，建筑面积约 2700 平方米，是为居民提供临终关怀服务的专业机构。中心在 2012 年 9 月开始运营，提供 18 个照护房间，每个房间可入住一个家庭。照护中心所处位置交通比较便利，场地内原有大量的橡树，开发中巧妙地通过设计，保留自然树木，使中心与周围的自然环境相融合，营造了亲切自然的社区环境（图 6.1）。

临终关怀是专注于居民将要离世前的时间内（几个星期至几个月），在继续治疗疾病的同时，照护的重点由治疗，转向为居民及家人提供全方位的生活质量关怀。美国的人文精神相信，每一位居民应该享有权利，在离世之前都能有尊严、有质量地生活，并且居民自己和家人在过程中，都应从身体、情感及信仰方面，得到专业的帮助和安慰。海文中心正是基于这一核心理念，为居民及家人，提供上述各项服务。

图 6.1

海文临终关怀中心亲切自然

二、照护模式

海文中心的开发者希望远离传统机构化的特征，引入了“家园式”的照护模式。中心各方面都营造了充满家庭感的空间环境，为入住的居民提供全面的照护服务和精神关怀，让入住者感受到如家一般的安心。

海文中心的座右铭是“为我们的居民提供舒适、关爱和真情，以体现对生命的尊重”（Honoring life by providing comfort, care and compassion to those we serve）。中心通过对居民及其家人提供身体、心理、情感、信仰方面的关怀，疏解心理，减少痛苦。身体关怀：通过医护团队的照顾，减轻居民病痛，配合健康饮食调节身体状况； 心理关怀：通过心理辅导，减轻恐惧、不安、焦虑、埋怨等心理，使其安心、宽心，并对未来世界充满希望；情感关怀：通过环境、照护、家人陪伴，使居民感觉到被爱和温暖；信仰关怀：通过居民选择的信仰来提供精神慰藉。中心还针对每位居民的不同背景，采用了不同的慰藉、关怀措施。如中心为参加过第二次世界大战的老兵，举行“军礼致敬”等仪式，非常令人感动（图 6.2、图 6.3、图 6.4）。

图 6.2

海文中心为居民和家人提供照护和慰藉

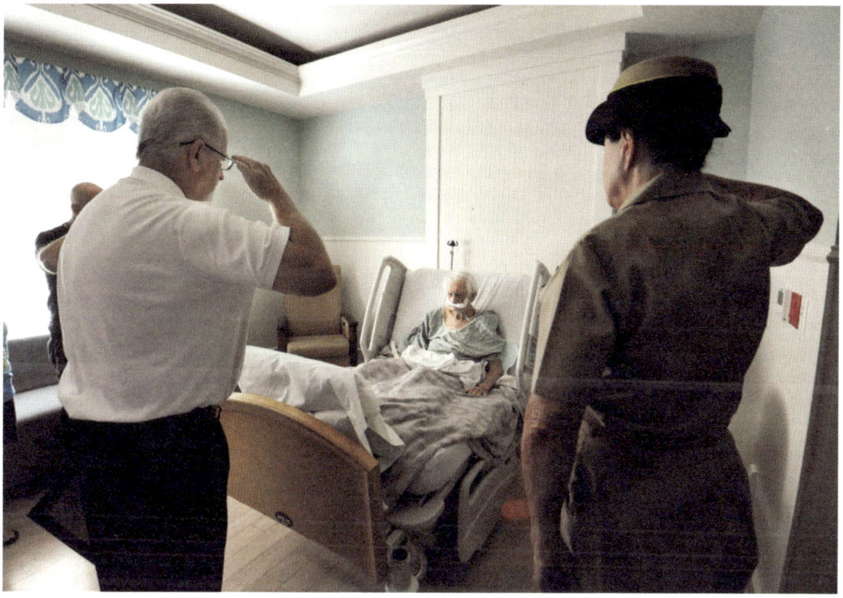

图 6.3

海文中心为老兵居民“军礼致敬”，令人感动

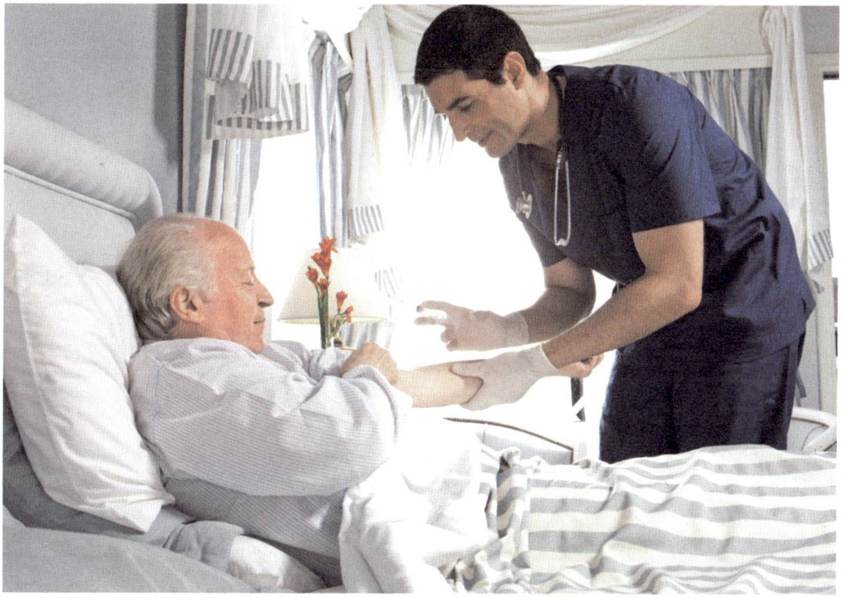

图 6.4

海文中心为居民提供各项关怀服务

三、核心理念

（一）“家园式”的环境

与传统的“医院式”临终关怀机构不同，海文中心的核心理念是创建一个“家园式”的照护环境，开发者坚持以家庭的模式出发，从功能布局、尺度大小、装饰细节的各个方面，都营造了一种充满家庭氛围的空间环境。让入住者如在自己家中一样平和、舒适，给老人及其家人都带来安全感。如大堂、起居室、厨房空间都让入住者感觉非常熟悉和放松（图 6.5、图 6.6）。

图 6.5

海文中心大堂，亲切放松

图 6.6

海文中心厨房及餐厅，温馨舒适

（二）鼓励亲近自然

海文中心一个至关重要的因素，是鼓励老人和家人亲近自然。人类源于自然，人在自然中有助于保持轻松而积极的心态，并容易得到慰藉。中心在空间设计中，尤其注重促进人与自然亲近的细节。例如，卧室中床的摆放位置经过仔细考量，确保老人躺在床上，能有通透、无遮挡的室外花园视线。为方便老人及家人亲近自然，每个家庭的生活区，都有大面积玻璃窗，并有门可以方便地通向室外花园（图 6.7）。另外，室外的门廊也可以提供过渡空间，加强室内外联系（图 6.8）。

图 6.7

休息厅与室外景观融合

图 6.8

引入观景外廊，加强室内外联系

（三）对家人悉心关怀

海文中心理解在人生关键时刻，家庭团结在一起的重要性。因此在每一个房间内部，都布置了足够空间和家具，鼓励家人与老人尽量多时间在一起，共同度过珍贵的时光。在房间放置访客沙发，家人可以使用房间中的沙发过夜，如果需要额外的床或沙发，中心会尽量提供。

中心有时候会同时接待多个家庭，这些家庭之间的互动、安慰、分享也是非常重要的。为此中心提供了很多方便家庭间交流、沟通的空间，如起居室、厨房、多功能厅、儿童游戏区等，可以让不同家庭成员一起坐下来，共同分享经历，相互鼓励。同时，中心用餐区也为家庭成员与运营团队之间提供了社交互动的空间（图 6.9）。

图 6.9

海文中心家庭起居室，鼓励不同家庭成员之间互相交流

四、人员架构

海文中心配备以下人员架构，确保高质量运营：

- 医生
- 医疗主管
- 护士
- 护士助理
- 社区工作者
- 心理疏导师
- 信仰照护者
- 志愿者（经过培训）
- 语言、身体康复师

五、运营状况及费用模式

海文中心创新的“家园式”理念，给老人及家人带来不一样的感受，入住率很快达到饱和。中心投入运营后，受到社会广泛认可，获得了以下多种奖项：

- 佛罗里达“养老”领跑者大奖
- 吉尔柯莱特郡商会“年度最佳市民组织奖”
- 生命之圈大奖
- 彻弗兰商会“年度最佳商业机构奖”

如果居民有美国政府补助型医疗保险，临终关怀的费用全部可由保险报销；病人入住海文中心，每天总费用在743美元左右，如果病人住在自己家中，中心提供上门服务，每天费用在192美元左右。

六、空间亮点

（一）化整为零，形成围合感

海文中心为了营造“家园式”的氛围，把2700平方米的建筑体量分解成四个单元（行政单元、两个居住单元、后勤单元），如同四个单体别墅连接起来，而不是类似传统机构的医院大楼形象。两个居住单元形成“L”形，有意识地与相邻的行政、后勤单元共同围成优美的室外花园。在尽可能保留现有树木的前提下，这种布局营造了用于举行纪念活动、集会的庭院空间（图6.10）。

四个单元都有不同的入口，保持了各自的功能性和私密性。两个居住单元都有9个卧室，环绕公共客厅、厨房形成家园的感觉。

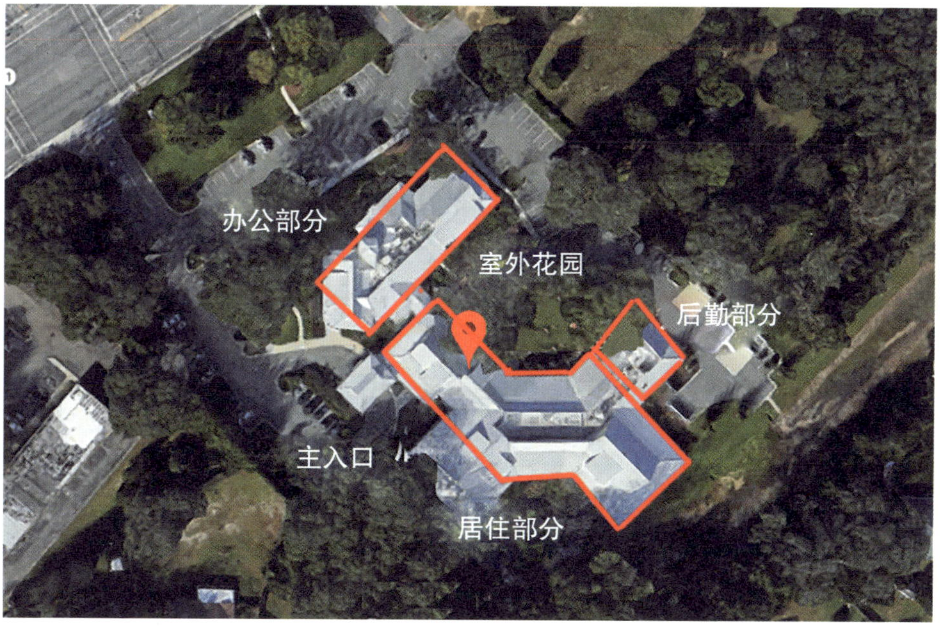

图 6.10

建筑体量化整为零，围合出室外花园

（二）细节体现“家园”温暖

中心外观采用佛罗里达的克莱克式住宅风格，利用建筑细节、装饰等元素，给入住者及家人带来强烈的心理暗示，感觉是回到了安全温暖的家，减少心理的恐惧、无助（图 6.11、图 6.12）。

图 6.11

建筑采用克莱克式住宅风格，远离机构感

图 6.12

中心主入口外廊，如家园般舒适

室内设计也遵循同样的理念，在大部分公共区域和卧室中应用了白色、金色与蓝色的搭配，体现了佛罗里达珍珠、沙滩、海水的自然，让入住者感受到与大自然的联系。同时，卧室的内饰更趋向于家庭：温暖的木质色调（地板、床头板和床头柜）与柔和的珍珠色墙面互相协调；功能沙发床和抽拉式睡椅，可以为家庭成员提供舒适的陪伴、休息空间（图 6.13）。

图 6.13

卧室颜色搭配与自然紧密联系

（三）隐蔽的医疗设备

海文中心对医疗照护的要求程度很高。如何规划中心运营必需的医疗设备，不破坏“家园式”的环境，是开发中的重要考量。为了避免医院式的冰冷感，必要的医疗设备、监视器的设置都非常巧妙，隐藏在面板、壁柜里面；同时，护理站、药物准备室、布草间及其他医疗配套区，进行了反复的权衡，在满足运营使用效率的前提下，这些空间均被隐蔽起来，不影响中心精心营造的家园氛围（图 6.14）。

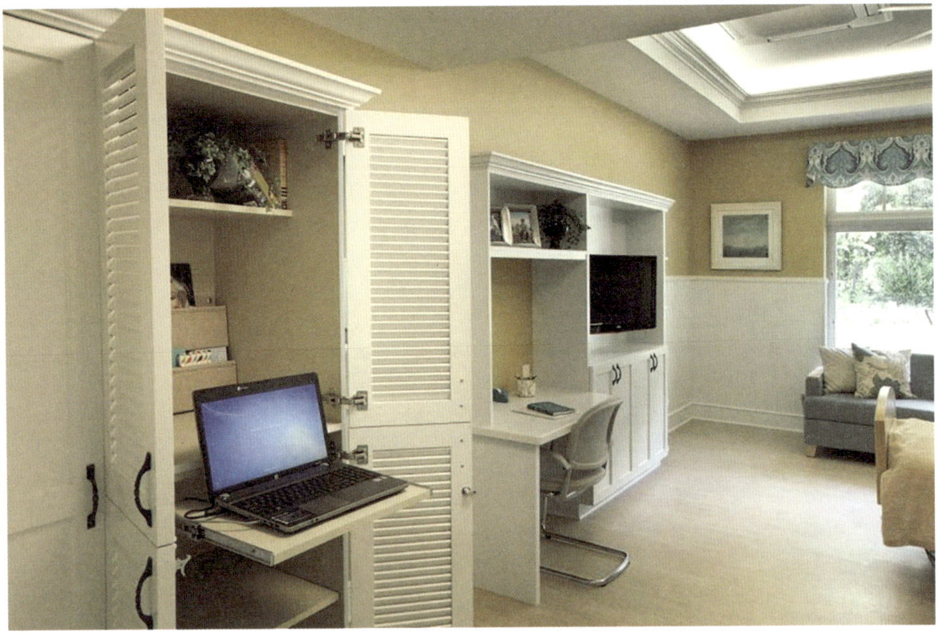

图 6.14

医疗设备经过精心设计，有意隐蔽起来

七、社区结合

因为服务的特殊性质，海文中心相对独立、私密。在接纳入住者及家人，提供全天候临终关怀服务的同时，中心也为附近的居家老人家庭提供上门服务。

八、思考借鉴

中国有根深蒂固的“落叶归根”的养老理念，对海文中心这样的临终关怀中心，有多大的接受度还不好确定，但笔者认为，类似的居家关怀服务还是会在中国市场有一定的接受度的。对于生命这一特殊时刻，普通人很少有足够的理论和经验应对，如果有专业的团队，在需要时提供精神、心理、信仰方面的支持，相信对病人及其家人度过这段特殊时光，都会有极大的帮助。

虽然中国社会与美国的传统理念不同，但是在对人性的尊重方面可以借鉴美国的人文理念：每个人都应有尊严、有选择地生活。希望中国的老人也能接受这种人生最特殊时刻需要的帮助（图 6.15）。

图 6.15

海文中心的人文理念，值得尊重与借鉴

第七章

“街区式”记忆照护

——柯涵（Cohen Rosen）社区

一、项目概况

柯涵社区位于美国马里兰州的罗克韦尔，是一个针对中高端市场的记忆照护社区，它是一个大型持续照护社区的一部分，为大社区填补了久需的记忆照护服务。

柯涵社区于 2013 年开业，是马里兰州首个获得建筑大奖银奖认证的绿色建筑。社区以独特的"街区式"模式为核心，为 18 位有阿尔茨海默病或其他记忆障碍的居民，提供专业的照护服务。项目占地约 8300 平方米，建筑面积约 1600 平方米，采用亲切的住宅建筑尺度（图 7.1、图 7.2）。

图 7.1

柯涵社区外景

图 7.2

柯涵社区外景，采用亲切的住宅风格建筑

二、照护模式

记忆照护一直是养老产业里最重要的环节之一。据统计，记忆障碍患者占美国老人的 30% 以上，在有些养老机构里，所占比例甚至达 50% 以上。

柯涵社区在为居民提供生活照料和记忆照护的同时，鼓励老年人尽可能独立地生活。社区提供亲切的生活照料，包括助浴、洗衣、房间整理等，每天三次提供健康膳食（外加点心零食），并且有照护团队、护士、保安团队，全天 24 小时提供照护和安全。

柯涵社区认为对记忆照护而言，社区活动的组织是关键之中的关键。通过丰富多彩的社区活动，居民能够互相交流，消除寂寞，更重要的是让居民身心、大脑处于积极活跃的状态，非常有助于对记忆障碍的康复。柯涵社区提供的社区活动包括：园艺、烘焙班、健身操、回忆、艺术课、音乐时刻、风景名胜欣赏、社交聚会、创意艺术、诗歌、阅读、游戏、舒展活动、博物馆郊游、组织购物等（图 7.3）。

图 7.3
柯涵社区通过组织各项活动，促进老人身心、大脑的活跃

三、核心理念

（一）街区模式（Neighborhood）

柯涵社区引入了街区模式，为居民营造熟悉的街坊、邻居环境。社区两翼各有一个街区，每个街区有 9 个卧室房间组团（图 7.4），居民在这里如同住在自己的家里一样，自由自在，可按照自己的习惯起床、用餐、串门、与街坊邻居交流沟通。居民可以自由漫步，拜访其他居民，或结伴享受室外风景。为了帮助居民记住自己的房间，每个卧室入口处都有一个记忆珍品盒（图 7.5），体现出每位居民的个性、爱好或历史。

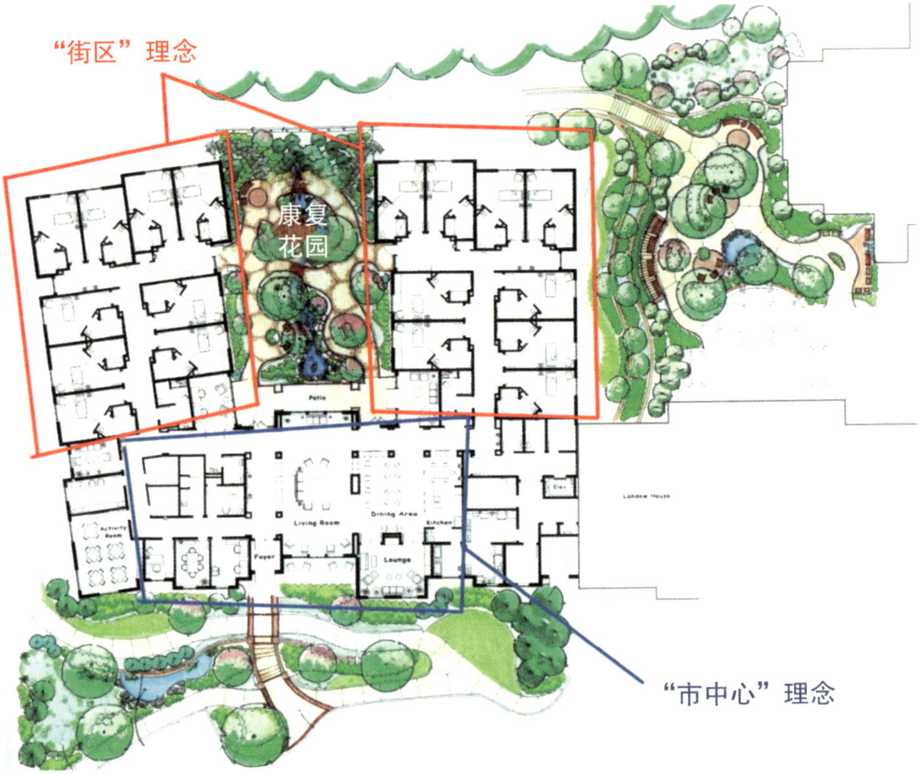

图 7.4
柯涵社区总平面体现“街区”理念

社区两翼中间的连接部分是“小镇中心”（town center），设置了客厅、厨房、图书馆、餐厅、康复室、娱乐室等公共空间，各功能空间之间不设障碍，畅通连续，居民可以自由地由一个空间漫游到另一个空间（图 7.6）。步行流线与室外步道系统连成环路，不设死胡同，适合记忆居民的漫游特点。宽敞开放的客厅通过大面积玻璃窗自然采光，室外花园美景一览无余。在街区和市中心的空间过渡处，设置后勤服务、办公等功能空间，巧妙地隐藏在走廊后面。

街区理念的引入，使居民更多感受到街坊邻居的亲切感和安全感，更加放松、惬意，有助于记忆障碍的康复。

图 7.5

柯涵社区“街区”，每个卧室门外都有珍品盒，帮助记忆

图 7.6

“小镇中心”综合多种功能空间，鼓励居民交流、漫游

（二）联系疗法（Connection）

针对记忆障碍居民的特点，柯涵社区创新性地提出了“联系”疗法。通过室内外环境、流线组织、康复花园、社区活动等，柯涵社区为每位居民创造交流机会，增加联系互动，与其他居民、家人朋友、照护人员、大社会、大自然都保持密切的日常联系，从而激发积极和活跃的状态，避免孤独和消极的情绪。

柯涵社区通过家庭化、非机构化的氛围，鼓励居民与他人的互动，以及与大自然的亲密接触，如设置客厅、厨房和相邻的图书馆，帮助居民日常活动交流；又如引入室外康复花园、园艺桌及优美的环形步道，鼓励居民在室外活动，享受阳光、空气和绿地；社区内到处都装饰有艺术品，促进居民的创造性和活跃思维（图 7.7、图 7.8）。

图 7.7

客厅、餐厅空间畅通，鼓励居民联系、交流

图 7.8

艺术品布置在社区每个角落，增加老人活跃思维

四、人员架构

柯涵社区的照护人员都经过全能培训，每名团队成员都熟悉阿尔茨海默病 / 记忆障碍的护理，可以帮助居民穿衣、梳洗、如厕、清洁，提供娱乐和餐饮服务。照护团队的每个成员都是“生活技能助理”，他们的职责是如同家人一样呵护入住的老人（图 7.9）。

柯涵社区运营团队包括以下基本成员：

- 注册医疗护士
- 经过认证的配药员
- 经过认证的老年护理专员
- 全能生活技能助理
- 社区活动主管

- 各种康复治疗师（外包）
- 行政管理团队

图 7.9

柯涵社区照护团队都经过全面培训，可以胜任多项工作

五、运营状况及费用模式

街区式的环境，创新的记忆照护理念，使柯涵社区在运营中取得很大成功，并获得 2017 年“美国协护中心质量注重大奖”铜奖；社区入住率一直在 100%，有 6 个月的排队等候入住名单。

因记忆照护的专业性很高，市场需求大，柯涵社区的收费标准比较高：

- 一级照护（基本照护）：每月 9850 美元
- 二级照护：每月 12000 美元
- 三级照护：每月 13600 美元

六、空间亮点

（一）空间畅通，适合漫游互动

针对记忆障碍居民的特点，柯涵社区的理念是充分尊重、疏导，而不是消极压制。记忆障碍居民很多时候忘了身在何处，因此经常需要漫游，及与人交流，才能找回自己。针对这一特点，柯涵社区所有的公共空间都是视觉联通、无死胡同的，室内的漫游流线与室外庭院相连通，方便居民使用（图 7.10）。

宽敞明亮的客厅设有壁炉、钢琴、鱼缸、书架、沙发等熟悉的家庭元素，与相邻的餐厅、厨房空间融会贯通，熟悉的声音和烹饪的香味，为居民带来安全感和熟悉感。客厅两侧都有宽敞的走廊，连接卧室、主入口及室外庭院。

图 7.10

客厅有多种家庭元素，与周围空间融会贯通

（二）室外记忆康复花园

权威研究表明，精心设计的自然花园对记忆障碍的老人有明显的康复作用。柯涵社区的“U”形建筑围合成记忆康复花园，给居民提供了安全、舒适的享受大自然的空间。花园环形步道可通往休息座椅，有充足的树荫和座位，便于老人交流；园艺种植、喂鸟可以陶冶情操；花园中心的艺术河蜿蜒流动，既能让老人感受到山水的诗情画意（图 7.11），又能避免安全隐患；艺术河边设置了遮阳亭，为居民提供了室外聚会的空间（图 7.12）；为防止居民走失而建的围栏和门，通过植物巧妙地掩饰起来。小桥、流水、红砖、山石、木亭、阳光、绿树、鸟鸣、花香，活跃了老人视、听、嗅、触等感官，帮助老人记忆康复。

（三）利用自然光的康复疗效

自然光对记忆障碍有非常明显的康复作用，尤其是对日落综合征治疗效果显著。柯涵社区在开发过程中充分地应用了这一点。在项目前期，对

图 7.11

记忆康复花园的艺术河蜿蜒生动

图 7.12

小桥、木亭为花园增加生动野趣

项目位置的阳光角度进行了仔细研究，并相应地设计了大面积开窗和天窗。社区内自然光充足，卧室、客厅、餐厅、艺术室中，大面积开窗为空间带来了充足的自然光（图 7.13、图 7.14），使居民沐浴在温暖阳光中，惬意放松；

图 7.13

卧室大面积开窗，带来充足的自然光

图 7.14

艺术室阳光明媚，气氛积极活跃，有助于治疗记忆障碍

室内照明很少在白天使用。

七、社区结合

柯涵社区是查尔史密斯大社区的一部分。综合社区作为整体为当地居民提供各种服务，包括居家照护服务、门诊医疗等。

八、思考借鉴

柯涵社区作为专业记忆照护社区的成功范例，对中国市场有非常好的借鉴意义。据统计，每年有 100 万中国老年人患上记忆障碍，如果不能有效应对，会成为中国严重的社会问题。如何让中国老年人能够得到科学、有效、有尊严的记忆康复照护，柯涵社区提供了宝贵的成功经验。

柯涵社区记忆照护社区营造出“街坊邻居”的家庭氛围，通过环境设计、专业照护、活动组织鼓励老人与外界、大自然保持联系，保持积极活跃的身心状态，疏导而非压抑老人的行为需求，充分利用阳光花园的特殊康复疗效，这些亮点都适合中国老人，可以在中国市场上得到有效应用。

柯涵社区的开发规模也值得中国市场借鉴，建筑面积仅1600平方米，占地面积也不大，总投资额可控，适合社会中小型投资者。这种“小而广”的布局模式特别适用于记忆照护的特点，可以在每一片区域就近开发，使居民与原住社区、家人朋友都保持密切联系，同时，控制社区规模能够保障对居民照护的质量，使居民能得到更多的关注和照护（图7.15）。

图7.15

柯涵社区的记忆照护模式，值得中国市场借鉴

第八章

“绿屋式”专业照护

——佛罗伦斯（Leonard Florence ）中心

一、项目概况

佛罗伦斯生活中心位于美国马萨诸塞州切尔西，为老人提供专业护理、短期康复等养老服务，是最早以“绿屋式”理念开发的养老社区之一，并创造性地提出了“立体绿屋”模式。

中心是由切尔西犹太生活照护机构开发，是一个非营利性项目，项目目标是提供一种崭新的、全方位身心专护环境。中心于 2010 年 2 月开业，打破传统专业照护类似医院的机构化形象，而是采用高端公寓式、富有家庭氛围的模式，与场地上现有的协护和记忆照护设施互相补充。中心建在坡地上，建筑面积约 9400 平方米，6 层高（图 8.1），首层为公共空间，上面 5 层由每层 2 个、共 10 个“绿屋式”家庭组成，每个“绿屋式”家庭

图 8.1

佛罗伦斯生活中心外观

里面设有 10 个独立卧室、公共起居室、厨房等，有特定的照护团队，让居民与照护人员组成一个温暖幸福的大家庭（图 8.2）。

图 8.2

“绿屋式”家庭，居民和照护人员朝夕相处，亲如一家

二、照护模式

佛罗伦斯中心的照护模式采用“绿屋式”模式，不同于传统冰冷“医院化”专护机构的印象，而是化整为零，把 100 位居民分成 10 个“绿屋式”家庭（每个面积 600—700 平方米），为居民创造一个如家一般的温暖环境。每个家庭配备固定的照护人员组，使照护人员与居民之间形成密切如家人的感情联系，居民的身心照护程度及满意度都得到有效提升（图 8.3）。针对有特殊需要的老人，如患有肌萎缩性脊髓侧索硬化症（ALS）和多发性硬化症（MS）的老人，中心在 10 个绿屋中，提供了两个“智能化”的绿屋，为他们提供特殊的康复服务。

每个“绿屋式”家庭都有客厅、书房、家庭餐厅、开放式厨房以及阳光露台。此外，社区首层的公共区域为居民们提供了 10 个家庭之间的社交空间，居民可以享受休闲时光、举办活动、放映电影，还有简餐店、家庭会议室、小教堂、美发沙龙、水疗浴室以及室外花园露台（图 8.4）。

图 8.3

“绿屋式”家庭的居民，融洽幸福

图 8.4

室外露台，亲切自然

三、核心理念

（一）立体绿屋理念

养老中的“绿屋式”理念最早由威廉·托马斯博士提出，提倡把家庭理念以组团的方式融入养老社区中，对传统养老机构进行转型。这一理念在美国养老产业中已经得到广泛接受和成功推广。

作为最早的“绿屋式”理念应用者之一，佛罗伦斯中心创新地把10个绿屋立体组织起来（图8.5），通过引入这样的布局，居民有了久违的归属感，感受到了属于自己的舒适感、熟悉度和私密性，感觉不是住在养老机构，而是与家人、朋友一起聚居在一个大家庭里，互相熟悉、互相照应。

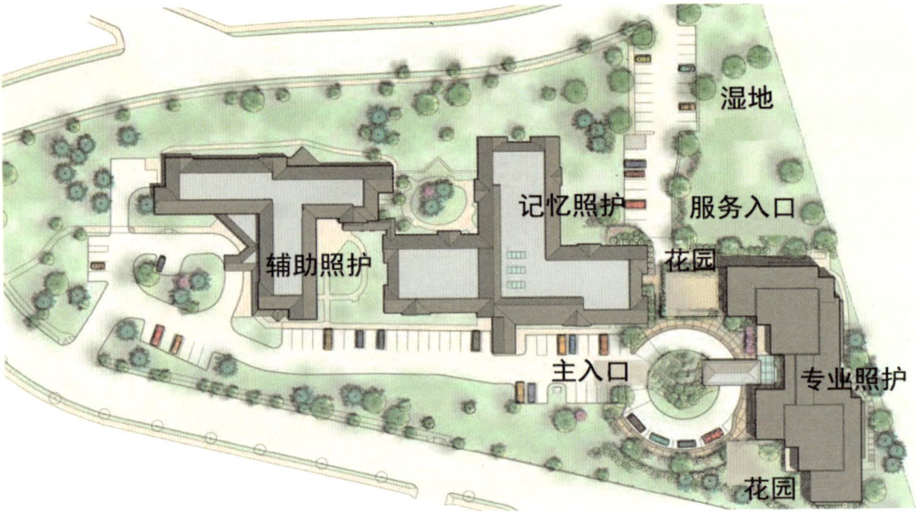

图 8.5

佛罗伦斯中心（最右侧）包含10个绿屋组团

佛罗伦斯中心不像是养老机构，更像是一幢优质公寓，空间的设计层次分明，从公共空间到半私密空间，从卧室入口到私密空间，处处营造深具家庭感的细节（图8.6）。

图 8.6

处处细节中，体现家庭氛围

中心不设置传统式走廊，“绿屋式”家庭内空间渗透融合，休闲、餐饮、备餐、休憩各空间，共同组成了相互联系贯通的空间体系。经过精心设计，设计师在室内空间体现出家庭温馨感：居民可以在壁炉旁与朋友和家人聊天，也可以在餐厅与邻居一起用餐，书房里面有折叠沙发，过夜的客人可以灵活使用。同时每个“绿屋式”家庭有一个功能齐全的开放式厨房，居民可以根据自己的喜好，烹制不同口味的饭菜，这会让居民就像在自己家里一样，继续享受美食和烹饪的乐趣。中心为每个“绿屋式”家庭都提供了医务护理所需的空间，并在设计上巧妙融入起居空间（图 8.7）。同时每个绿屋都有大面积开窗及私密的室外阳台，使室内采光充足，空气清新。

图 8.7

护理站和药品柜，隐蔽融入起居空间

（二）尊重居民，提供多选择

现代养老照护社区中最重要的一点就是充分尊重老人，不把他们看作病人或弱者，而是为他们提供多样性，充分尊重个人的选择权。佛罗伦斯中心是这方面的典范，中心虽是犹太背景的机构开发，但并不先入为主，他们在首层公共空间设置了小教堂，不同宗教都可以择期在小教堂活动，充分尊重居民的信仰选择，体现了博爱与宽容（图 8.8）。

图 8.8

教堂空间，为不同信仰提供场所

四、人员架构

佛罗伦斯中心“绿屋式”模式能够让社区照护人员架构更高效、精简，因每个绿屋都有固定的照护团队（6—8 人轮班），故可以取消很多社区级行政管理人员的岗位。一个专业医疗护士团队负责社区 10 个“绿屋式”家庭的整体医务照护。

另外为了增加家庭亲切感，所有照护人员名字不叫护工，而是叫“沙巴士”，每个照护人员都经过全面的培训，能够灵活操作多项工作，每个绿屋有一个“指导”来统筹、帮助沙巴士日常工作，社区还有一名“智者”来协调融洽与居民的关系及作为沙巴士的导师和顾问。

因为“绿屋式”模式将传统的照护机构化整为零，形成家庭组团，照护人员与居民形成了密切的情感联系，如同自己的家人一样，照护人员的工作成就感、目的感、效率、稳定性都有很大提高，从而间接降低了社区运营成本（图 8.9）。

图 8.9

照护人员与居民亲如一家

五、运营状况及费用模式

佛罗伦斯中心运营良好，并获得多种奖项，包括 2010 年全美生活社区金奖（2010 Best in American Living Gold Award for a Community Facility）。

佛罗伦斯中心接受美国政府补助型保险，同时也接受各种私立保险，因提供专业照护，居民平均每月费用在 1 万美元以上。

六、空间亮点

（一）家的温暖处处体现

佛罗伦斯中心注重“家庭”的设计要素，避免传统生硬的专护机构印象。为了让居民感觉到家的氛围，每个细节都精心设计。绿屋的起居空间是开放性的，带有壁炉的客厅和开放厨房的餐厅连通起来，取消了传统的走廊或护理站（图 8.10）。

图 8.10

开放式厨房，欢迎居民参与备餐

中心运用了许多舒适的家居元素（如壁炉、书架等），在材料颜色、质感选择、家具式样等方面都贴近家庭感觉。室内采用天然的樱桃木来装饰部分墙壁，地面采用现代风格的镶木地板或地毯，墙壁颜色以暖色为主，灯光设计中避免直射，使居民产生温馨舒适的体验（图 8.11）。

图 8.11

建筑元素、材质、颜色，处处体现家的温馨

卧室设计也充分体现家居氛围，淡绿色和暖色墙面温馨自然，大玻璃窗使室内明亮清新，窗帘、台灯、蒲团等有意选择温馨小尺度花纹，床具、家具尽量选择木色，告别白色冰冷的传统照护氛围（图 8.12）。

（二）完美融入场地

佛罗伦斯中心建在山坡上，坡度较大，对采光及户外活动还是很有难度的。设计师巧妙地解决这一问题，首先考虑到居民的生活区域应在开窗面积最大的地方，为每一个生活和公共空间提供充足的自然采光，在没有采光的地方，设置行政办公空间及水疗等空间。

设计师把地形挑战转化成机会，利用坡地设置多个不同高度的入口：

图 8.12

卧室温馨如家

将主入口设置在首层公共层，方便运营，将服务入口设置在坡地下一层，将服务人群与公共空间分隔开，实现有序分流（图 8.13）。

图 8.13

项目巧妙利用坡地

（三）引入智能养老

佛罗伦斯中心设立两个“智能化”绿屋，专门照顾患有肌萎缩性脊髓侧索硬化症和多发性硬化症的居民。在这里，居民可以享受先进的辅助治疗设备，配有呼吸机、电梯和移动指挥中心。社区还采用了瞳孔识别技术，可以让居民只需用眼睛注视就可以控制门、灯的开关以及调整室内温度。居民还可以通过网络方式从首层大厅咖啡厅订购，享受送餐服务。

七、社区结合

佛罗伦斯中心为了融入周围建筑环境，把体量设计成与相邻建筑相近的尺度，也充分尊重当地建筑的风格，采用红砖及浅色搭配的现代风格。

中心的公共空间均对外开放，欢迎周围社区的居民前来参与。休闲咖啡厅可容纳 30—40 人，附近的厨房还可提供特殊烘烤的糕点；相连的室外花园露台中设置了桌椅，方便居民交流。

每一个绿屋家庭内部还设有小书房，方便居民的家人或朋友来欢聚，需要时家人或朋友也可以在这里过夜，鼓励居民保持与外界、社会的交流（图 8.14）。

图 8.14

书房空间，欢迎家人团聚

八、思考借鉴

中国传统观念是以家庭为主，虽然在现代社会，由于独生子女制度、经济全球化等因素形成的集中式养老势在必行，但如果我们能够把养老和家庭观念紧密结合起来，应该会为中国老人提供可接受的中间缓冲模式（介于机构养老和居家养老之间）。

佛罗伦斯中心的“绿屋式”养老为我们提供了这种缓冲模式的成功先例：老人既在这享受现代养老社区的环境与服务，又是生活在一个大家庭里，结识新的朋友，有一个温暖的归宿。美国权威调研结果表明，绿屋模式下，老人的健康、寿命、幸福度、满意度都大幅提升（图 8.15）。

图 8.15

绿屋模式下，老人生活质量得到大幅提高

第九章

“经济适用”养老公寓

——德弗利中心（DeVries Place）

一、项目概况

德弗利中心位于加州米尔皮塔斯市中心区域，与举世闻名的硅谷相距约 12 英里。因当地房价高企，退休老人压力很大，德弗利公寓正是针对低收入老人而开发的经济适用、政府补助型养老社区。项目由中部半岛住房联合公司开发，于 2008 年竣工开业，提供 103 套养老公寓，及车位 70 个，总造价约 1800 万美元。

德弗利中心包括新建的一栋 4 层“U”形公寓楼（首层停车），并对一栋现状约 400 平方米的历史建筑进行移位和修复，作为社区重要的活动空间。社区位于市中心，周围配套良好，南侧是全新的医疗中心，东侧是公共图书馆（图 9.1、图 9.2）。

图 9.1

德弗利中心社区，位于市中心位置

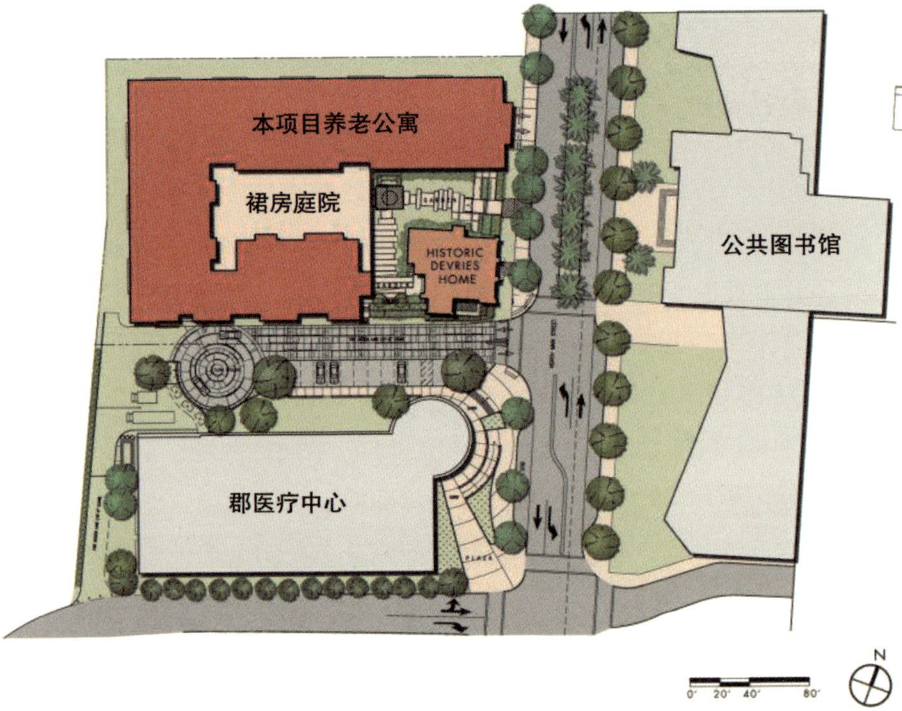

图 9.2

德弗利中心社区，周围配套设施良好

二、照护模式

德弗利中心为独立生活的低收入老人提供退休社区，租金根据每位居民的收入情况计算而定，远低于当地市场平均租金水平。因为入住居民具备独立生活能力，因此社区除提供居室、公共空间外，不提供其他医疗或专业照护服务。有相关需求的居民可以方便地从相邻医院得到帮助（图 9.3）。

图 9.3
德弗利中心是低收入、独立生活养老社区

三、核心理念

“为低收入居民提供高品质生活”

虽然德弗利中心是政府补贴式低收入退休社区，但是开发者致力于为居民提供高品质的退休生活方式。这一理念在整个项目过程中，贯穿于每一个细节。

德弗利中心的建筑尺度亲切宜人，为了与现状“草原式”历史建筑协调，建筑风格中融入了相似的建筑元素，简洁时尚。为了给居民提供充足的自然光线，公寓采用了大面积落地窗，各种不同颜色的外墙颜色，使社区看上去更像高档联排别墅，丝毫没有低收入公寓的印象（图 9.4）。

图 9.4

德弗利中心外观现代时尚，与联排别墅相似

社区内部空间舒适明亮，走廊宽敞通透，每个楼层都有洗衣间和单独的庭院。此外，为了丰富居民的生活品质，还设置了多元公共空间，包括健身中心、影院、娱乐室、艺术室和电脑室等（图 9.5、图 9.6）。社区有全职的服务人员，帮助居民使用这些设施。街对面的图书馆和医疗中心可步行轻松抵达。

图 9.5、图 9.6

德弗利中心公共空间丰富多彩

社区还在一层车库屋顶设置了室外庭院，由三面公寓围合而成，庭院中有桌椅、种植箱、树木、休息亭等，方便居民在此聚会、交流、晒太阳，享受加州室外风光（图 9.7）。

图 9.7

德弗利中心屋顶花园，居民享受加州风光

接收低收入老人，拒绝低品质，正是通过对社区的功能、环境的精心打造，德弗利中心为居民提供了一个高品质、低价格的退休社区。

四、人员架构

社区为了节省运营费用，人员架构非常精简高效，共有 3.5 名全职人员，1 名社区经理，1 名社区副经理，1 名设施维护经理，还有 1 名半职的社区服务经理（组织社区活动等）。

五、运营状况及费用模式

因项目地处硅谷附近，房价高企，低收入公寓供不应求，德弗利中心根据前期大量的市场调研工作，确定103套公寓里面以一居室为主，有92套，面积为60平方米左右。项目建成后很快就全部租出去，有很长的排队等候名单。

德弗利中心的开发者取得低收入住宅项目贷款，才可以开发成功。每位居民入住前，都要由社区根据他们的收入情况来计算，看是否符合低收入的政府补贴标准。只有收入低于地区平均收入60%的居民才可以入住，而且每位居民入住相同户型公寓，所交的租金费用都不一样，收入越低，租金负担就越小。在当地一居室市场租金约2500美元的情况下，德弗利中心为很多低收入老人提供了低费用、高品质的居住环境。

社区获得了很多奖项，包括2019年收工的优质项目大奖。

六、空间亮点

（一）公共空间每层设置，丰富活跃

为了给居民提供丰富多彩的退休生活，德弗利中心在每层都精心设置了公共空间。这些公共空间为居民提供了社交、娱乐、健身等活动空间，有益身心健康。社区首层结合室内车库设置了大堂、邮箱、餐厅、健身中心、艺术室等（图9.8），在2—4层公寓区，每层都设置了影音室、娱乐室、洗衣房，2层和4层屋顶还设有花园（图9.9），方便居民室外休闲。通过对现状历史建筑进行改造，增加了社区的用餐空间和会议空间。

公共空间内部尺度宜人，通过精心设计，采用了自然色调、丰富材质、柔和灯光等设计手法，使每个公共空间都愉悦身心、令人流连忘返。每个

空间并没有选用昂贵、奢侈的材料或饰品，而是充分体现设计的价值，通过设计为每个空间营造品位。变化丰富的空间和多功能的使用方式，使社区充满活力。

图 9.8

德弗利中心公共空间丰富、亲切

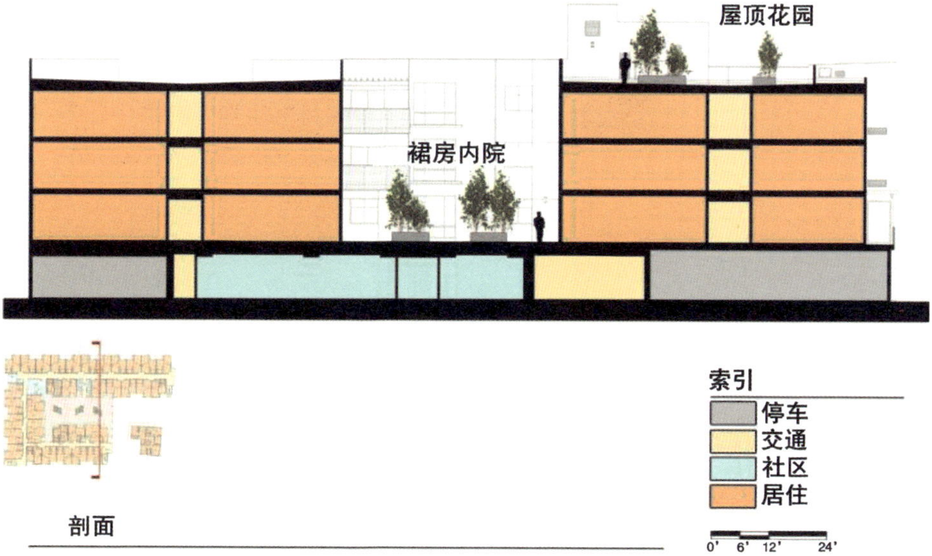

图 9.9

二层和四层都有屋顶花园

（二）绿色可持续发展

德弗利中心非常注重引入绿色建筑元素，既体现项目对可持续发展的承诺，又可以大幅节省日常运营费用。

社区采用了“智慧屋顶”系统，把屋顶上设备用房精简到最小面积，同时设置了较大面积的太阳能光电板，为社区运营提供可持续能源。在建筑材料方面，社区也积极使用环保材料，使用高质量低 VOC 涂料，用回收材料制作的地板，节水型洁具等（图 9.10）。

图 9.10

屋顶的太阳能光电板，为社区节省日常运营开支

七、社区结合

德弗利中心位于市中心位置，从最开始的规划阶段，开发者就致力于融入大都市社区，做个好邻居，而不喧宾夺主，避免为了突出自己，而破

坏社区的整体功能。

首先社区对地段上现状历史建筑充分尊重，不是彻底拆除，而是通过移动位置、重新装修，把历史建筑放在主街界面，与新建筑一起形成入口广场，既充分展现历史建筑的价值，又能够古为今用，使其成为社区有机的一部分（图 9.11）。

同时，社区把停车库布置在首层室内，车库外立面延续公寓时尚风格，在街景上看不出任何车库的感觉。车库外街道上充分设置步行系统，与周围大社区的步行体系紧密连接起来，成功地编入大社区的肌理（图 9.12）。

图 9.11

新建社区与现状历史建筑风格协调，相得益彰

图 9.12

首层停车场外观像住宅风格，步行系统与大社区连接

八、思考借鉴

德弗利中心为我们提供了“经济适用”养老社区的成功典范：为低收入居民提供高品质环境。随着中国人口老龄化现象的不断加剧，以及社会保障体制的不健全，低收入老人的养老问题已经成为社会焦点之一。很多低收入养老设施，环境非常简陋，服务质量差，让低收入养老设施形成了低品质的负面印象。这一点德弗利中心为我们明确地提出范例：低收入老人也应享有高品质养老环境。

德弗利中心社区在开发融资、理念、设计等各方面都值得我们学习：政府和社会基金在贷款上的支持、对低收入人群的充分体贴、用设计而非高价材料营造环境的高品质、对现状建筑的保护和利用、对大社区环境的尊重和融入，都对中国市场的类似项目有直接的借鉴意义（图 9.13）。

图 9.13

德弗利中心各方面都值得中国市场借鉴学习

第十章

“自治共住”养老小镇

——银智小镇（Silver Sage Village）

一、项目概况

银智养老小镇位于科罗拉多州博尔德市，是一个容纳16套居住单元的“自治共住”社区，于2007年10月开始运营，项目总建设成本约390万美元，现有24位“智者”居民快乐、充实地生活在小镇上（图10.1）。

项目位置极佳，位于博尔德市艺术区，建设成传统小镇的形式，居住单元、车库、木工房在地段外侧，围合成内街、小镇中心和中央花园，既私密又温馨。建筑的形式也是化整为零，建筑尺度缩小成联排别墅风格，高低起伏，生动活泼（图10.2）。

图10.1

银智小镇居民快乐生活

图 10.2

银智小镇风格温馨，尺度亲切

二、照护模式

自治共住

“自治共住”的养老模式最早于20世纪60年代在丹麦出现，社区通常由20—30户居民组成，布局兼顾社交性和私密性两方面需求，居住空间与传统住宅模式基本相同，共享空间（如娱乐设施、庭院、广场、活动空间等）为居民共同所有、共同运营。居民通过自治小组，参与社区日常运营，社区定期举行聚餐等活动，以加强居民间的交流和联系。

银智小镇是“自治共住”模式的经典代表。在这里，居民是主人，不仅拥有每户居住单元的永久产权，而且自己成立各项自治小组来管理、决策、执行小镇各项日常运营工作（图 10.3、图 10.4）。

上述小组式自治非常适用于热心社区管理的老人，对继续保持思维、行动、交流的活跃性很有好处，当居民需要医疗、餐饮方面的专业照护时，他们可以与小镇外居家养老服务机构、医疗机构建立合作关系。

在小镇建设时，就考虑到随着居民年龄增长，所需要的照护越来越专业，因此在一层单独设置了"照护者公寓"，也是考虑到将来可以外雇照护团队，入住社区为居民服务。

一个挑战就是当居民出现记忆、行动方面的障碍，不适合上述自治小组的模式时，社区如何运作。这个情况已经出现，并得到很好解决。当居民有需要更多专业照护时，他们通常会卖掉居住单元，搬入专业的记忆照护社区或专护康复机构。因小镇的良好位置和声誉，很多老人都希望买房而入住小镇。

图 10.3

小镇居民参与社区的日常建设

图 10.4

小镇居民经常举办聚会， 加深交流联系

三、核心理念

银智小镇的核心理念是“个人与社区的平衡”。不同于传统的养老护理社区，这里更像侧重街坊、邻里关系的传统小镇。小镇居民都对共同参与社区管理有兴趣和激情，他们不想住在只是被动受人照料的养老社区，而是想主动地参与自己家园的建设、发展和提升。

银智小镇提倡居民互动、民主。居民们都是平等的，不存在某人凌驾于其他人之上的现象，每个人都会根据自己的专长、能力与兴趣承担一项或多项职责。社区重要问题都会实行一票否决制度，也就是说，每一个居民的意见都不能被忽略，每一个居民的想法都需要得到慎重考虑。小镇崇尚居民间的交流与信任，崇尚居民参与协作。居民们互动交流，积极合作，营造出平等、和谐、信任的邻里氛围，社区处处体现出亲情与融洽（图

10.5）。

小镇居民在社区生活中，提倡这些价值观：

- 同情心
- 尊重
- 多元化
- 进步
- 可持续发展
- 感恩
- 慷慨
- 责任
- 快乐
- 健康生活
- 独立

图 10.5

小镇提倡“个人与社区的平衡”

四、人员架构

银智小镇采取居民自治的方式，成立了6个自治小组，涵盖社区运营的各个方面。各自治小组如下：

- 社区凝聚小组：负责组织各项社区联谊活动、旅行，加深居民之间的关系。
- 景观场地小组：负责维修、维护社区景观、场地等室外工程，如项目外包则负责监管、协调。
- 公共空间小组：负责社区公共空间的维护、翻新、预订、计划，监管协调外包的清洁公司。
- 建筑系统小组：负责维修、维护建筑的空调、热水、管线、电梯、粉刷等工作，如需外包则负责监管、协调。
- 财务法务小组：负责管理社区的财务支出、投资、备用金、税务等，制订并监管各小组的财务计划和支出。
- 整体方向小组：类似公司的董事会，由各个小组的代表和另一位独立代表组成，把控整体社区的发展方向。

小镇各自治小组的成员都由居民选举产生，一般不雇用外界人员，如果遇到复杂、专业性强的维修工程，就外包给小镇外的服务商，由相对应的小组成员进行监管协调。带笔者考察社区的居民阿瑟尔说，他参加了几个自治小组，每天都过得非常充实，没感觉到任何孤独和寂寞，80多岁的他，头脑还非常敏捷，与积极参加社区工作有很大关系（图10.6）。

图 10.6

小镇居民阿瑟尔积极参与社区日常管理，保持身心愉悦

五、运营状况及费用模式

银智小镇就像一个微型社会，由居民自己来自治、运营，没有外包给物业管理公司，因此居民除了正常的房产税外，没有其他的月服务费，当各自治小组有维修、翻新项目时，需经过全体居民的同意。项目获得批准后，居民按照审议通过的预算缴纳费用。

小镇居民拥有各自居住单元的永久产权，可独立对社会出售或出租，当然因为是“自治共住”，新入住的居民需经过现有居民的批准和接纳。因小镇地处博尔德市的优质地段，加上社区声誉良好，每套居住单元价格升值了很多，也是对最早入住居民的丰厚经济回报。按照市场估价，2018年每套2室2厅的公寓，市场售价在70万—90万美元（图10.7）。

图 10.7

因地段优质、良好声誉，小镇房产升值非常可观

六、空间亮点

（一）亲切、活跃的小镇中心

银智小镇中心的公共空间非常亲切、活跃。小镇中心的形式采用内街式布局（图 10.8），在首层和地下层设置了会客厅、餐厅、开放式厨房、艺术室、健身厅、美发厅、洗衣房、储藏室等，通过电梯和楼梯到达二层的室外活动大平台。这里是小镇的能量核心和快乐源泉：居民举办公共晚餐、讲座、放映电影、举办音乐会、阅读会、会议、健身、艺术展览等（图 10.9）。

图 10.8

小镇中心采用内街式布局，亲切活跃

图 10.9

小镇中心公共空间丰富

小镇中心还设置了精心打理的中央花园。在南侧外街面布置车库和车位，这样中央花园完全成为步行区域，实现人车分流，为居民提供安全、无障碍的休闲漫步空间，鲜花、绿地、种植箱与铺地、平台相结合，安全亲切，使居民安心舒畅地享受户外乐趣（图 10.10）。

图 10.10

小镇中心与中央花园、园艺箱等结合

（二）过渡空间丰富，与自然融为一体

为了使居民充分享受科罗拉多的明媚阳光和清新空气，小镇成功地利用亭架、阳台、门廊等建筑手法，使建筑室内外空间自然过渡，与大自然融合（图 10.11）。二层设置了连通式共用阳台，俯瞰中央花园和小镇中心（图 10.12），居民在家中随时都能与其他居民互动、交流。

图 10.11

小镇通过花廊、露台等过渡空间，使室内外空间融合

图 10.12

小镇二层大露台，俯瞰中央花园

七、社区结合

银智小镇位于博尔德市优质地段，周围都是中高端社区，还有艺术家村落。为了加强与周围社区的融合，小镇首先在建筑尺度、形式上，与周围社区协调，共同形成优美的街景；小镇自由通畅，与周围街区都有出入口联系，方便融合（图 10.13、图 10.14）；在功能布局上，留出了照护者公寓和客人公寓，欢迎小镇外人员融入社区生活；有一些公共空间，为了避免闲置，小镇还租给了当地的艺术家和健身教练，既创造了额外收入，又能把外界社会的活力、能量吸收到小镇内。

图 10.13

小镇自由通畅，有多个出入口与外界融合

图 10.14

小镇的出入口之一，温馨通畅

八、思考借鉴

银智小镇作为美国最早的“自治共住”社区范例之一，取得了很大成功，居民在身心健康、生活品质、快乐程度方面都有显著收获，最早参与小镇开发的居民也得到了非常好的经济回报。

中国养老市场也有类似需求：一群志同道合、有足够经济基础的朋友家人，可以自己合资，选择适合自己的地段，共同开发建设适合自己需求的社区，大家自治共住，采用类似银智小镇的运营模式。这样的模式可以一举三得：既可以为自己量身定制退休生活方式，又可以与自己志同道合的朋友团聚，还可以享受地产升值带来的经济回报（图10.15）。

图 10.15

中国市场借鉴小镇“自治共住”模式，可以一举三得

附录

美国养老地产信托投资基金 REITs 简介

REITs，即房地产信托投资基金，是房地产证券化的重要手段。房地产证券化就是把流动性较低的、非证券形态的房地产投资，直接转化为资本市场上的证券资产的金融交易过程。REITs 最早产生于美国，意在使中小投资者能以较低门槛参与不动产市场，获得不动产市场交易、租金与增值所带来的收益。

REITs 的起源

1960 年，世界上第一只 REITs 在美国诞生。随着美国政府正式允许满足一定条件的 REITs 可免征所得税和资本利得税，REITs 开始成为美国最重要的一种金融方式，一般情况下 REITs 的分红比例超过 90%。美国大约有 300 个 REITs 在运作之中，管理的资产总值超过 3000 亿美元，而且其中有近 2/3 在全国性的证券交易所上市交易。房地产证券化包括房地产项目融资证券化和房地产抵押贷款证券化两种基本形式。传统的 REITs 基本上是指专门持有房地产、与抵押贷款相关的资产或同时持有这两种资产的一种封闭式基金。在 REITs 出现以前，投资者只能从房地产市场而不是股票市场购买房地产。然而，随着 REITs 的出现，在股票市场上进行股票交易就成为可能，因为它们以公司或信托的形式出现。投资者在股票市场上购买了 REITs 股票，就相当于购买了房地产和抵押贷款。因此，REITs 的出现，使得小额投资者也可以进行房地产投资了。 近年来，美国税法的调整使得 REITs 可以直接管理其所拥有的房地产，并为其租户提供相关的服务。从这种意义上来说，一些现代的 REITs 也可以被认为是房地产经营公司，而不是传统的 REITs 那样，仅仅是一个纯粹的封闭式基金。然而，即使是现代的 REITs，其所持有的主要资产仍然是房地产。

REITs 的优势

变现性高 REITs 申购门槛低，交易方式和股票相同，流动性较佳，相对于不动产投资，REITs 具有很明显的流动性上的优势。

分散投资风险 REITs 是一种投资组合的方式，注重的是分散风险。REITs 常见的投资经营标的包括办公大楼、购物中心、饭店和卖场等，多为不动产的组合。相比较投资单一的不动产而言，可以避免投资标的的集中风险，因此 REITs 的投资风险相对比较低。

收益能力稳定 REITs 每年固定分配股利，使得其投资报酬率相当稳定。REITs 的现金流主要是来自租金收入、管理维修费用及承租率等，相对比较稳定。公司的财务状况，以及获利能力不会直接影响到 REITs 的收益，不会像股票一样反映得那么直接。因此稳定的收益可以让企业的闲散资金得到很好的增值效应。

养老地产 REITs

美国养老地产的投资商主要有三类，即 REITs、私募基金和非营利组织。其中，REITs 作为上市公司更关注租金收益的稳定性，强调资产的长期持有；而私募基金则主要面向机构投资人，更关注资产升值的收益，强调物业资产的低买高卖；至于非营利组织，主要利用捐赠资金和政府补贴为低收入群体提供社区养老。

美国养老 / 医疗地产类的 REITs 公司大多成立于 20 世纪 70—80 年代，在美国前 10 大养老机构拥有者中，REITs 公司占绝对主流地位，如 HCP 不动产投资（HCP.Inc）、万塔公司（Ventas.Inc）、好塔公司（Welltower.Inc）及思普投资信托（SNH.O）等。可见，在美国养老地产投资商中，REITs 模式举足轻重。大型 REITs 公司拥有的物业数量可达 1000 多处。其中，80%—90% 的物业都是自有，其余物业通过与运营商或其他投资人合作发起的私募基金平台拥有，总资产规模可达到百亿美元以上，员工一两百人，属于典型的资本密集型企业。

美国 REITs 的主要结构

大致可以分为 3 类：

第一，上 REITs 和下 REITs：上 REITs 不直接拥有房地产，而是通过合伙人制的实体，间接拥有房地产；下 REITs 是在传统 REITs 基础上，通过分立下属合伙人实体，扩张 REITs 的规模。

第二，双股（paired-share）结构：是由 REITs 和运营公司联合组成。股东同时拥有两家公司的股票，两家公司股票合并在一起，以一个单位进行交易。

第三，纸夹（paperclip）结构：该结构既具有上述“双股”结构 REITs 的优势，又可避免税收立法的限制，主要差别在于各实体之间的松散程度。

与传统结构 REITs 相比，双股的 REITs 可以享受税收优惠、享受经营优势和股东收益优势，同时在管理上还可以有效避免利益冲突。因此此种结构在美国 REITs 市场上大量涌现，但随着美国修改了相关的税收法律，对双股结构进一步采取限制措施，迫使这种类型的 REITs 开始结构创新，进而出现了纸夹结构。在 20 世纪 80 年代后，美国税法规定 REITs 不能再直接持有物业，且银根收缩，传统融资渠道不畅，房地产企业开始转向资本市场融资，90 年代，伞形合伙式结构（下 REITs）应运而生。而下 REITs 正是传统结构 REITs 为了能享受到伞形合伙式结构 REITs 在税收方面的待遇，扩大成长空间和发展规模而采用分立下属经营合伙人企业，直接收购并持有新的房地产资产的模式演变而来。

在美国，大型 REITs 公司通常都会构建伞形结构，即通过 REITs 子公司的非管理份额来换取其他公司的物业资产。以份额换资产的好处在于这是一个双赢的过程，对于资产出售方来说，在份额变现前它可以延迟纳税，并分享在此期间资产升值的收益；而对于 REITs 公司来说，它可以降低收购成本，并避免母公司股权被过分稀释。

养老 REITs 的运营模式

美国养老 REITs 公司主要通过三种方式运营旗下物业，一是净出租模式，二是委托经营模式，三是物业双股模型加委托经营模式。

在净出租模式下，REITs 公司把养老 / 医疗物业租赁给运营商，每年收取固定租金费用。养老社区的毛租金收益率通常是物业价值的 8%—12%（根据 CPI 指数向上调整）。而所有直接运营费用、社区维护费用、税费、保险费等均由租赁方承担。因此，在净出租模式下，REITs 公司的毛利润率很高，净租金收益 / 毛租金收益可达 80% 以上，而且几乎不承担任何经营风险，业绩也较少受到金融危机的影响；与之相对，运营商获取全部经营收入及剔除租金费用、运营成本后的剩余收益，并承担绝大部分经营风险。

在委托经营模式下，REITs 公司将旗下物业托管给运营商，运营商每年收取相当于经营收入 5%—6% 的管理费，但不承担经营亏损的风险，也不获取剩余收益；所有的经营收入都归 REITs 公司所有。美国养老社区每单元的经营收入为 3000—4000 美元，是租金收入的 3—4 倍。所有的经营成本也由 REITs 公司负担，相应地，REITs 公司获取租金及经营剩余收益，承担大部分经营风险。

在物业双股模型加委托经营模式下，REITs 公司和运营商组成合资公司拥有物业，将旗下物业托管给运营商。运营商每年收取相当于经营收入 5%—6% 的管理费，剩余的经营收入都归 REITs 公司和运营商组成合资公司所有，并按比例分成。REITs 公司和运营商共同承担经营风险。

对我国养老地产的启示

美国养老地产生态系统的核心，是通过开发商、投资商与运营商的角色分离来实现开发利润、租金收益、资产升值收益与经营管理收益的分离。中国养老地产要得以持续发展，也必须构建这样一个养老地产金融生态链。

REITs 型投资商的核心是在净租赁、委托经营和合资经营几种模式之间求得风险、收益平衡，但无论采用哪种模式，稳定收益下的低成本长期资金都是 REITs 存在的根本。美国系统下养老地产领域的角色分工与风险收益匹配显示，在各方角色分离的过程中，保守的投资人、激进的投资人、具有更强风险承受力的长期投资人都找到了为各自量身定制的投资渠道，因此才能源源不断地吸引各类资金进入 REITs 中。

与之相对，刚刚起步的中国养老地产领域，虽然会聚了地产商、保险公司及其他民营企业，但各自的角色定位很模糊，更谈不上彼此的分工合作，结果，在养老地产的开发运营过程中，既缺乏专业的运营商，更缺乏长期的投资人。

综上所述，养老地产的发展需要角色的分离与金融生态系统的培育——这种培育可以是现有机构间的合作，比如地产公司与保险公司的合作或地产公司与专业运营公司的合作，也可以是从一个机构里分化出来的多个主体，比如地产公司自身分化出的私募基金或专业运营公司。至于金融工具，尽管内地市场还没有推出 REITs，但却并不缺乏多元投资人：银行的理财客户希望获取高于通胀率的稳定收益；保险公司希望找到高于保险成本的长期收益；而各类私募基金则希望扩大组合边界，进一步提升收益率水平。因此，融资本身不是问题，问题的核心是如何对养老地产的风险收益进行合理分配，实现整个系统的低成本平稳运行。